中国服务设计教育联盟 & 中国工业设计协会设计教育分会推荐
高等学校服务设计系列推荐教材
丁熊　陈嘉嘉　主编

广州美术学院 2023 年项目库教材建设资助项目

服务设计流程与方法

Service Design Process and Methods

刘珊　丁熊　编著

中国建筑工业出版社

图书在版编目（CIP）数据

服务设计流程与方法 = Service Design Process and Methods / 刘珊，丁熊编著. —北京：中国建筑工业出版社，2023.4

高等学校服务设计系列推荐教材 / 丁熊，陈嘉嘉主编

ISBN 978-7-112-28663-8

Ⅰ.①服… Ⅱ.①刘…②丁… Ⅲ.①商业服务—服务模式—高等学校—教材 Ⅳ.①F719

中国国家版本馆 CIP 数据核字（2023）第 071210 号

服务设计是一种思维和方法，它的独特之处在于对"无形"的服务旅程、用户体验的全局思考和创新设计，必须依赖的手段是"有形"的场景构建和触点设计能力。本书讲述了服务设计的基本概念，常用的工作流程以及流程中运用的各种工具，并穿插了一个小故事演示整个服务项目思考和设计的过程。本书的重点是各种工具的正确使用，除解析工具的用途、具体操作步骤及常见问题外，均辅以多个作业案例进行示范。最后作业案例章节展示了两个研究过程较为完整的作业汇报文件，有助于理解服务设计项目的工作过程。本书可作为工业设计、产品设计、交互设计专业本科生及研究生的教材或参考书。

本书附赠配套课件，如有需求，请发送邮件至 cabpdesignbook@163.com 获取，并注明所要文件的书名。

责任编辑：吴绫
文字编辑：李东禧　吴人杰
责任校对：董楠

高等学校服务设计系列推荐教材
丁熊　陈嘉嘉　主编
服务设计流程与方法
Service Design Process and Methods
刘珊　丁熊　编著

*

中国建筑工业出版社出版、发行（北京海淀三里河路 9 号）
各地新华书店、建筑书店经销
北京雅盈中佳图文设计公司制版
建工社（河北）印刷有限公司印刷

*

开本：787 毫米 ×1092 毫米　1/16　印张：10$\frac{1}{2}$　字数：186 千字
2023 年 6 月第一版　2023 年 6 月第一次印刷
定价：**49.00** 元（赠课件）
ISBN 978-7-112-28663-8
　　　（40300）

版权所有　翻印必究
如有印装质量问题，可寄本社图书出版中心退换
（邮政编码 100037）

总 序
服务业由来已久,服务设计方兴未艾

服务设计通过人员、环境、设施、信息等资源的合理组织,实现服务内容、流程、节点、环境,以及人际关系的系统创新,有效地为个人或组织客户提供生活、生产等多方面的任务支持,为服务参与者创造愉悦的身心体验,努力实现多方共赢的商业和社会价值。

服务经济超越制造业的发展趋势,无疑是服务设计近年来备受关注的直接原因。但是,我们必须意识到,当城市形成的时候,服务就已经成为业态,餐饮、接待、医疗、教育都是有着古老传统的服务业,离开自给自足农村生活环境的城市居民,需要来自第三方多方面、多层次的物质和精神生活支持。这一点有如工业设计,尽管人类造物活动由来已久,工业设计却是在制造业迅猛发展的 20 世纪初期才发展成为一个完整的知识领域。随着全球范围内城市化进程的发展,以及新的通讯、物联等技术革命浪潮的推动,新的社会环境和新的技术条件不仅仅激发了很多新的个体和社会需求,也为需求的表达和满足创造了更加便利的条件,服务设计成为 21 世纪备受关注的重点领域有着充分的环境条件。

服务业虽然由来已久,近年来围绕用户体验和互联网产品的服务创新也为服务设计作为一个新的知识领域提供了充分的经验基础。然而,新的知识领域的确立需要有明确的对象、成熟的方法和稳定的原则。服务设计领域范畴的确立不是第三产业实践内容的归纳,而是对跨行业实践经验共性决策内容的抽象,比如说"流程、节点与体验结果之间的逻辑关系"。自从有了服务业,服务设计方法论也在不断积累的实践经验中得以总结。不同的是,不同的行业有各自不同的经验,不同的学术群体有各自不同的视角;每一种经验、每一个视角又有着各自的时代背景和历史使命。早期营销学或管理学视角的服务设计理念,注重通过流程再造,提高效率和利润;20 世纪 50 年代开始,护理学领域开始提倡以病人为中心的护理理念,强调个人身体、心理以及社会性的全面健康理念,如今国际先进的医疗机构都已经把服务设计充分地融入到了其护理学科的学术研究和商业性的医疗服务。传统的设计学界关注服务设计相对较晚，1991年比尔·荷林斯夫妇《全面设计：服务领域的设计流程管理》一书的出版（Bill Hollins,"Total Design: Managing the Design Process in the Service Sector"），是设计学领域开始关注服务设计的标志性事件。同年，科隆国际设计学院（KISD）的厄尔霍夫·迈克尔（Michael Erlhoff）与伯吉特·玛格（Birgit Mager）开始将服务设计引入设计教育。卡耐基梅隆大学从1994年开始开设的交互设计专业，虽然没有以服务设计来命名课程，其专业知识体系的核心主题却是超越人机界面和跨越行业的"活动和有组织的服务"。以米兰理工大学为代表的"产品服务系统（Product Service System）"设计理念则是从环境可持续的角度希望通过服务有效减少物质资源的利用，提高环境效益。服务设计的兴起，不仅仅是设计学一个学科领域知识发展的结果，而是不同领域，不同行业，在不同的历史时期，不同的社会、经济和技术条件下，以不同的理念和方法参与社会生活的共同结果。

国内设计学领域的服务设计研究和教学起步较晚，但发展迅速。目前，全国已有数十所院校开设了服务设计研究方向或相关课程，起步较早的部分院校也已经形成了各自的服务设计行业应用特色，如江南大学、四川美术学院都在关注健康服务；清华美院在努力尝试公共服务领域的创新；湖南大学在社会创新设计领域成果卓著；同济大学2009年就和米兰理工大学达成了产品服务系统设计领域的联合培养计划；广州美术学院相对集中在产品服务系统设计和文旅服务设计领域；南京艺术学院则在产学协同、产教融合的合作中积累了服务设计在商业创新领域中的经验，等等。

2020年，北京光华设计发展基金会委托笔者组织国内外数十位学者、业界专家和多方机构代表，开发并发布了《服务设计人才和机构评定体系》。该体系针对不同层次的服务设计从业或管理人员，建立了DML分级服务设计教育标准体系：服务设计（Service Design）、服务管理（Service Management）和服务领导力（Service Leadership）。其中，"服务设计"层级通过对设计思维、服务设计概念、方法与工具等内容的理论学习，结合服务设计实践，建立对服务设计的基础认知，具备从事服务设计项目实践的能力；"服务管理"通过对服务驱动的商业创新、产品服务系统、服务管理工程等课程的学习，结合项目或企业管理经验，建立对服务设计与商业创新活动之间内在逻辑关系的认知，具备带领服务设计团队与项目管理的能力；"服务领导力"则通过对服务经济、公共服务、政务创新、社会创新等课程的学习，洞悉服务设计与社会价值创造的内在联系，建立基于社会视角的全局观和领导力，具备带领团队通过服务设计思维系统解决社会问题的能力。此外，"设计思维"作为独立的课程模块，是要求每一个服务设计师、服务管理或领导者，都应该了解的设计创造活动中思维和决策的共性特征，并以此为基础学会用批判的眼光去理解问题建构和设计决策的不同可能性，也包括理性地接受和批判不同的设计理念、方法和原则。

  今次，欣闻广州美术学院丁熊副教授和南京艺术学院陈嘉嘉教授共同主编"高等学校服务设计系列推荐教材"，并获悉二位教授规划丛书时也参考了《服务设计人才和机构评定体系》中的服务设计 DML 能力架构体系。丛书中，《服务设计流程与方法》《产品服务系统设计》《服务设计与可持续创新》三本教材，通过对服务设计概念、方法与工具等内容的理论学习，结合服务设计实践，建立对服务设计、产品服务系统、可持续服务设计的基础认知，培养学生具备从事服务设计的基本能力。《服务设计研究与实操》《社会创新设计概论》两本教材，通过对服务驱动的产品创新、商业创新和社会创新，聚焦文化、商业和社会价值，培养学生基于管理视角的全局观、领导力和责任感，提升学生通过服务设计思维解决商业和社会问题的能力。系列教材的每一著作均会融入大量教学及产业服务设计实践案例，涵盖了健康、医疗、娱乐、旅游、餐饮、教育、交通、家居、金融、信息等各个领域，将理论方法与实践充分结合，为有意从事服务设计研究和实践的师生提供了很好的理论、方法和实践案例多方面的指导与参考。

  服务设计既是新兴的第三产业设计实践活动，其决策的关键主题"节点、流程和体验结果之间的逻辑关系"又为我们在哲学层面理解广义造物活动提供了一个全新的视角。在尝试理解服务设计这一设计学新兴知识领域的同时，我们也应该意识到服务设计同样可以作为理解产品、空间和符号的特定视角。因此，我也希望丁熊和陈嘉嘉二位教授主编的"服务设计"系列教材不仅仅可以影响到关注服务设计的新兴设计力量，同时也能为尚未开设服务设计研究方向的院校师生提供一个其学科和职业发展的新的思路。

同济大学长聘特聘教授 / XXY Innovation 创始人
2022 年 7 月

前　言

服务设计的概念自20世纪80年代首次在营销管理学领域被提出，发展到现在不过四十年的时间，仍属于设计学科的新兴领域。信息技术革命使人们的生产、生活方式发生巨变，各种新商业模式诞生，消费者的选择前所未有地丰富，商业竞争变得空前激烈。在这样的背景下，还像从前那样开展事业无疑是充满风险的。管理学和设计学的知识交叉逐步形成了服务设计的理论和工具，用于研究服务创新和价值创造，也就是如何通过系统和流程的设计，使服务变得更好、更具有竞争力。

通过服务设计获得成功的案例有很多，也有不少服务设计相关的书籍里都进行了充分的讲解。广州美术学院工业设计学院自2009年将服务设计理念引入教学，至今已超过十年。通过多年的教学实践，教学团队对工具的运用有了更深的理解，因此才有了《服务设计流程与方法》的诞生。

我们希望改变枯燥的学习体验，改变阅读大段艰涩理论文字的乏味感——我知道有些同学会直接跳过去只看图片，通过增加人物对话来增添阅读的趣味性和连贯性。这些人物的对话围绕一个小故事展开，若能引发读者的思考和共鸣则最佳。在降低些许学习门槛的同时，也希望让更多人对服务设计产生兴趣，能够一口气看完本书。

本书按服务设计的旅程撰写，为了阅读时更具有情境感、知识点更易于理解，我们设置了三个角色，通过三人之间围绕实际问题展开的、对服务设计的讨论，将所有服务相关的知识点串联在一起（书中图片除注明出处外，其余均为本书作者自绘、自摄或修改自学生作业；书中所有学生作业都经过作者修改；咖啡馆案例为学生作业修改，仅在第一张图标注）。

王Boss准备投资开一家咖啡店，他找到在高校教服务设计的好友咩咩老师，想向他咨询一些问题。月读是咩咩的学生，他对这件事很有兴趣，边学习边参与。他刚开始接触这门课程，几乎没有基础，非常爱提问。书本前的你也可以随时提问，页面侧栏已留出问题记录区域，写

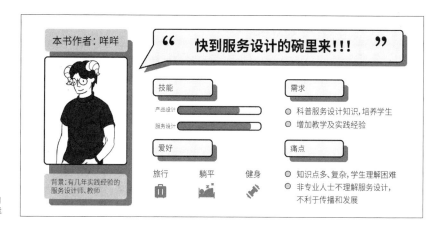

图 0-1
角色 1：咩咩

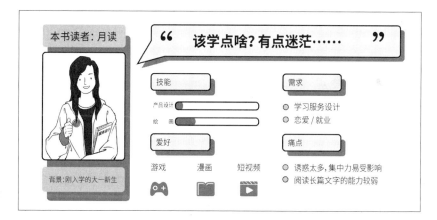

图 0-2
角色 2：月读

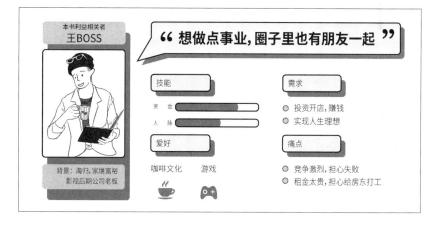

图 0-3
角色 3：王 Boss

下你的疑惑看看后面是否有解答；又或者读完这本书之后回过头再来看问题是否已经解决。

让我们现在就跟随咩咩、月读他们一起开始服务设计的"学习之旅"吧！

课程教学大纲

课程名称：服务设计流程与方法
英文名称：Service Design Process and Methods
授课对象：工业设计 / 产品设计二年级
学分 / 学时：48
周　　数：3
课程性质：专业限选课

一、课程简介

相对于传统的艺术设计和产品设计而言，服务设计所涉及的知识面更广、用户群更大、问题更复杂，因此前人发展出很多工具和方法来帮助设计师更好地定义和解决服务问题。

本课程主要介绍一些基本的工具，将通过一个课题完整的前期调研工作来帮助学生掌握服务设计的基本流程和方法，培养学生的洞察能力以及分析能力。通过服务设计方法和工具的讲解及运用，精析翔实的案例，帮助学生开拓思维，建立系统观念，能够对现有服务系统进行准确的分析并提出创意构想。

课程思政要点：让学生通过学习，掌握事物发展规律、通晓天下道理，丰富学识，增长见识，塑造品格，努力成为德、智、体、美、劳全面发展的社会主义建设者和接班人。实践类课程注重学思结合、知行统一、增强学生用于探索的创新精神、善于解决问题的实践能力。注重社会实践，注重引导学生弘扬劳动精神，将"读万卷书"与"行万里路"相结合，扎根中国大地，了解国情民情，在实践中增长智慧才干，在艰苦奋斗中锤炼意志品质。

二、教学原则和要求

1. 要求学生掌握系统概念，具备分析复杂服务系统的能力；
2. 要求学生掌握服务设计的基本语言；
3. 要求学生掌握服务设计的基本工具，如顾客旅程图、用户画像等。

三、授课方式

以课堂讲授、专业考察、设计创意相结合的方式进行授课。

采用理论与实践相结合的教学原则,通过主题讨论多与学生交流,拓宽其视野,充分调动其积极性。要求学生掌握服务设计的流程与创意方法,能够结合具体的设计项目提出具有较高创意度的触点设计方案。

四、教学内容及学时安排

1. 服务设计的概念,1学时;
2. 服务与共创,1学时;
3. 服务设计的内容,2学时;
4. 服务设计的方法与流程,4学时;
5. 服务设计的工具,4学时;
6. 服务设计调研,4学时;
7. 课堂讨论,16学时;
8. 作业汇报,16学时。

课程教学进度表

课程学分:学分		每周1次课		每次课4学时	
教学周次(共3个教学周)	课时安排	教学进度(章节讲/知识单元)	课程思政点	融入方式与教学方法	思政育人预期成效
1	16	服务设计定义、语言与工具	理解社会变革和个人成长之间的内在逻辑	短视频	增长见识,增强探索精神
2	16	用户调研、发现问题	深入生活、学思结合	实地考察、小组讨论	提升人文素养,增强创新意识
3	16	系统分析、定义问题、设计方向	团队协作	小组汇报	增强社会责任感,知行统一

五、课程作业(课堂讨论、课外交流、作业等)

作业一:完成对现有某类服务的调研及分析,构建服务系统图、顾客旅程图等。

作业二:尝试梳理顾客旅程图中的痛点,挖掘用户需求,提出服务创意概念,并通过系统图、意向图表达设计想法。

六、考核和评价方式（提供学生课程最终成绩的分数组成，体现形成性的评价过程）

满分为 100 分，以结课作业为评分对象。

	≥ 90 分	80~89 分	70~79 分	60~69 分	< 60 分
调研流程、方法正确，能够获取有价值的资料	好	较好	一般	较差	差
分析工具使用得当，分析过程逻辑清晰、表达准确、条理分明	好	较好	一般	较差	差
思考深入，判断准确，能够获取有价值的洞察	好	较好	一般	较差	差
能够提出新颖的、合理的解决方案，完成全新流程的设计，并通过用户旅程图等工具清晰地表达出来	好	较好	一般	较差	差
有形设计部分体现出较强的产品/平面设计能力	好	较好	一般	较差	差
汇报 PPT 精美，讲述流畅	好	较好	一般	较差	差

七、教材与教学参考资料

教师自编课件（PPT），领取方式见版权页。

参考书：

（1）陈嘉嘉. 服务设计：界定·语言·工具 [M]. 南京：江苏凤凰美术出版社，2016.

（2）Andy PoLaineLavransLovLie Ben Reason. 服务设计与创新实践 [M]. 王国胜，等，译. 北京：清华大学出版社，2015.

（3）Valarie A. Zeithaml. 服务营销 [M]. 张金成，白长虹，等，译. 北京：机械工业出版社，2008.

（4）Thomas Erl. SOA 服务设计原则 [M]. 郭耀，译. 北京：人民邮电出版社，2009.

目 录

总　序
前　言
课程教学大纲

第一章　为什么要学习服务设计？ ……………………………… 001

第一节　从产品到服务 …………………………………………… 002
　　一、从产品到服务 ……………………………………………… 002
　　二、服务需要被设计 …………………………………………… 003
第二节　服务设计的定义 ………………………………………… 005

第二章　服务设计的相关概念 …………………………………… 009

第一节　以利益相关者为中心 …………………………………… 010
　　一、利益相关者的定义 ………………………………………… 010
　　二、利益相关者地图 …………………………………………… 012
　　三、利益相关者地图的作用 …………………………………… 016
第二节　商业模式 ………………………………………………… 018
　　一、商业模式 …………………………………………………… 019
　　二、价值主张 …………………………………………………… 022
第三节　服务旅程 ………………………………………………… 023
　　一、服务体验 …………………………………………………… 023
　　二、服务旅程 …………………………………………………… 024
第四节　服务触点 ………………………………………………… 024
　　一、接触点 ……………………………………………………… 025
　　二、服务场景 …………………………………………………… 025
　　三、产品服务系统 ……………………………………………… 026

第五节	服务设计思维六原则	027
第六节	服务设计五要素	031

第三章　服务设计的流程　033

第一节	共创	034
第二节	双钻模型与领结模型	037

第四章　服务设计的常用工具　047

第一节　探索工具　048
　　一、移情图　049
　　二、顾客旅程图　052
第二节　定义工具　064
　　一、用户角色与用户画像　064
　　二、KANO 模型　070
　　三、峰终理论　073
　　四、头脑风暴　075
　　五、DVF 筛选　078
　　六、价值主张画布　080
　　七、商业模式画布　084
　　八、电梯法则　088
第三节　发展工具　090
　　一、服务系统图　090
　　二、用户体验地图　094
　　三、拓展知识：顾客旅程图与用户体验地图的异同　101
　　四、PCN（过程链网络）分析法　110
　　五、服务蓝图　118
　　六、故事板　124
第四节　执行工具　129
　　一、服务原型测试　129
　　二、服务手册　135

第五章　作业案例　141

参考文献　154
后　记　156

[第一章]

为什么要学习

服务设计？

图 1-1
场景对话 1

第一节　从产品到服务

本节场景：咩咩老师的课程开始了，他收到一条学生发来的信息。

一、从产品到服务

从学科发展历程来看，产品设计和服务设计有一定的相似性。1851 年以工艺美术运动为启蒙的工业设计学科发展至今已有一百多年的历史，其理论研究和应用基本是在工业发达的国家。20 世纪 80 年代初，发达国家制造业开始向我国大陆转移。我国工业化进程加速，国内工业设计学科才得以同步发展，如今已与国际学术前沿差距甚小，在社会、经济层面的价值也得到了广泛的认可。

制造业转移和信息技术革命使得发达国家进入服务经济时代，服务业在国家经济总量的占比逐年增大。经济活动中遇到的各种问题都需要理论依据和经验总结才能够迎刃而解，于是在交叉学科领域中服务设计方向诞生，并且发展迅速。可以说，目前服务设计领域的理论和工具、实践经验和人才储备，国外更丰富些。随着国内经济水平提升，人力成本大幅增加，制造业迁移至劳动力更低廉的地区或转型升级，同时得益于移动互联网的普及，城市及周边地区也快步进入服务经济时代。可以预见,在不远的未来,新兴市场将逐渐饱和,服务设计必然成为企业成长的重要助力。

产品与服务有着紧密的联系。服务设计从营销管理学诞生,因为服务被视为产品的附属,是增加附加值的重要手段。心理学、设计学的加入使它逐渐从营销管理中独立出来,成为一门学科。

产品和服务的区别是什么?英国设计委员会(Design Council)首席设计官马特·亨特(Mat Hunter)表示:"服务是我使用但不拥有的东西。"产品是顾客一次性购买的物质,然后获得所有权;服务的特征是与服务提供者的持续关系,顾客不拥有物质的所有权,但获得或者通过其获得某种价值。

服务提供者(无论是公共服务还是商业服务)通常将自己理解为提供产品。这可能意味着,运行这些服务的人更关注于其操作的更像产品的方面,并且不太可能习惯于退后一步来评估他们所提供的服务的整体情况。比如旅游业习惯称路线设计、团体游为产品,实际上他们也更倾向于一次性的买卖,所以团体游的体验总是很糟糕。

二、服务需要被设计

讨论

月读：过去也有服务业,为什么就不需要服务设计呢?

咩咩：简单来说,竞争激烈,消费者改变了,与过去完全不同。现在你怎么选择餐厅呢?

月读：种草、看评论。

咩咩：过去没评论可看,只能走哪吃哪。

服务设计是伴随信息技术发展而产生的新兴领域,从 1982 年 G. Lynn Shostack 在营销管理学领域首次提出服务设计的概念,发展到现在不过四十年的时间。

互联网,尤其是移动互联网的出现使得人们的生产、生活方式产生了巨大变革。人们的消费行为与过去相比有了质的不同。过去没有线上消费，距离和时间使得选择成本高昂、选择范围较小；现在人们只要醒着就可以时刻在线上进行社交、消费。深夜线上购物行为活跃，各种上门服务更加便利，甚至娱乐和社交需求也可以在线上获得完全满足。这意味着消费者的选择更广了，不仅不受限于空间位置，甚至不受限于物理方式。年轻一代的消费者是数字世界的原住民。他们更加依赖互联网，也更重视即时满足。消费者已经被培养得失去了耐心，需求随时产生并随时需要获得满足。比如在上课的时候突然想喝奶茶，他们可以立刻打开手机点单，选择很快送达的商家。他们的需求是流动的，选择是流动的。企业的产品和服务一不注意就会被替代。另一方面，消费者也拥有更大的权力和影响力，可以通过评论影响他人（无论多远）、影响品牌（无论多强大）、产品和服务。这在过去是不可想象的，企业因而倍加重视反馈和评价。

无论是产品还是服务，消费者的选择都前所未有地丰富。市场竞争变得空前激烈，商业环境相较于过去显著不同。传播媒介更多、更迅捷、影响力也更大。而对企业来说，依靠网络和现代物流，市场和供应链可以拓展至全球，机会和竞争更多的同时，面对的问题也更加复杂。互联网还带来了更多新的商业模式，其盈利模式、竞争逻辑完全不同于以往，对传统的行业也带来了极大挑战。

在这样的背景下，还以从前的方式开展事业无疑是危险的。管理学和设计学的知识交叉形成了服务设计的方法，用于研究复杂的产品和服务问题，研究服务创新和价值创造，即如何通过系统和流程的设计，使服务更好、更具有竞争力。

讨论

月读：服务设计能让产品和服务变得与众不同，对吗？

咩咩：是的。比如说到火锅，你能想到哪个品牌？

月读：海底捞。

咩咩：游乐场呢？

[第一章] 为什么要学习服务设计？

> 月读：迪士尼。
>
> 咩咩：跟我们的调研结论基本一致，在消费者的认知里，只有海底捞和其他品牌，迪士尼和其他游乐场。它们强大的品牌区隔是怎么产生的？
>
> 月读：因为服务？工作人员特别热情？
>
> 咩咩：是的，但不仅仅是热情。比如迪士尼乐园，每个区域的主题、声音、气味，工作人员的表情、语言、手势还有纪念品商店商品的摆放等，都是围绕用户的体验精心设计的。海底捞则通过员工服务、人才培养体系等后台的设计，为其前台热情体贴的服务提供有力的支持。

第二节　服务设计的定义

讨论

> 月读：我懂了！服务设计就是设计服务！
>
> 咩咩：可以简单地这么说，但不够精确。好的定义应该能带来应用上的帮助。

　　1991 年，Bill Hollins 和 Gillian Hollins 出版了"Total Design：Managing the Design Process in the Service Sector"（《全面设计：管理服务部门的设计流程》，1991）。在书中他们描述了服务产品应该被怎样设计，以及怎样来管理服务产品的设计流程，并定义了问题通常发生的位置。在这本书中他们正式地在设计学领域提出服务设计概念。同年，KISD（Köln International School of Design，科隆国际设计学院）的 Michael Erlhoff 与 Birgit Mager 开始将服务设计引入设计教育，Michael Erlhoff 提出可将服务设计作为一个专门的学科进行研究，他后来还建立了一个服务设计教育的国际性大学集团，即是后来的 Service Design Network（SDN，服务设计联盟）。

在过去的四十年里，关于服务设计的理论一直在积极探索中，国际对服务设计的概念也仍没有一致公认的定义。不同的学者或组织有不同的表述，呈现出与其学科背景的相关性。相对权威，同时也比较易于理解的是 2009 年 BIRGIT MAGER 教授给出的定义：从客户的角度看，服务设计旨在确保服务界面有用、可用且满足需要；从供应商的角度来看，它旨在确保服务界面有效、高效且与众不同。

"有用"指服务具有功能性，能完成某些任务；"可用"指服务具有可用性，即用户在特定的情境中，能有效、高效并满意地达成特定目标；"满足需要"指服务是顾客真实需要的、能为顾客创造价值的。服务要由供应商提供，与顾客合作来共同创造价值，因此供应商对服务设计也有要求："有效、高效"指服务能达到顾客预期且时间短、成本低，"与众不同"则保证其提供的价值是独一无二、具有吸引力且可识别的。

有些学者喜欢严谨的、精简的定义，这样有助于发展有效率的工具，有些学者则喜欢复杂的、模糊的定义，这样创新就不会停止。Scott E. Sampson 教授在他的著作《服务设计要法》里将服务定义为资源作用过程。因此他认为服务设计是对此过程的设计。基于这个定义，他提出了过程链网络（PCN）分析法，用于分析和优化服务流程，是一种较为明确的、具有指导性、实用性的方法。

后面章节讲到的许多工具也并非服务设计独有，而是从不同学科借鉴来的、经过演化的版本。这些工具涉及的学科有心理学、人类学、管理学等。

讨论

> MAGER 教授从服务使用者和服务提供者两方的需求来描述服务设计的概念。这跟产品设计有点像，我记得 Crag 教授说过，"好的产品应该是有用的、可用的、吸引人的"。服务明显要考虑的因素更多、更复杂。但 MAGER 教授没有解释服务是什么以及服务的界面是什么哦。
>
> 月读

[第一章] 为什么要学习服务设计？

> 你说得对。在之后的学习中我们会深入讨论这些概念。
>
> 咩咩

> 照理来说，我也可以给出自己对服务设计的定义对吗？
>
> 月读

> 当然，每个人都有自己的看法。你可以试着找一找不一样的观察角度。
>
> 咩咩

[第二章]

服务设计的相关概念

服务设计流程与方法

图 2-1
场景对话 2

第一节　以利益相关者为中心

本节场景：王 Boss 找到咩咩，希望他能给自己的咖啡馆一些建议。

一、利益相关者的定义

"利益相关者"是源自管理学的概念。最早在 1960 年由斯坦福研究所提出，之后在 1984 年弗里曼出版的专著《战略管理：利益相关者法》里，将利益相关者定义为"任何能够对一个组织的目标实现及其过程施加影响或受其影响的群体或个人"，具体包括三类：所有者利益相关者（如股东以及持有股票的董事和经理）、经济依赖性利益相关者（如员工、债权人、供应商、消费者、竞争者、社区等）和社会利益相关者（如政府、媒体、特殊利益集团等）。2010 年，弗里曼等在《利益相关者理论：最新动态》专著中，将利益相关者简化为主要利益相关者和次要利益相关者两类。

管理学分析利益相关者的目的，在于通过厘清利益相关者的重要程度和影响能力（如权利/利益矩阵），将他们对企业的利益期望具体化，把常规的经营环境转变为具体的运营目标，进而有针对性地确定应对策略，实现对利益相关者的管理。管理学对利益相关者的分类方法很多，其中国际比较通用的是多锥细分法和米切尔评分法。

[第二章] 服务设计的相关概念

讨论

> 咩咩：管理学中对利益相关者的定义多达30多种，弗里曼的定义是最具影响力的。

> 王Boss：这太复杂了，服务设计的利益相关者概念也是一样的吗？

> 咩咩：基本一致，都是借用管理学的概念，因此我们能看到不同的利益相关者解释，因为概念出处不同。但是服务设计定义利益相关者的目的与管理学不同，其应用也不同。

在服务设计中，利益相关者指代一切会影响服务的，或者会受到服务影响的人或者组织。比如提供服务的企业、企业的员工、供应商、政府、媒体等。服务设计对利益相关者进行分析的目的与管理学有相似性，但更关注如何通过设计来创建更合理的、各利益相关者能够受益的系统。利益相关者地图能很好地概括各种涉及各个利益相关团体的复杂问题，这些团体因为共同的利益而聚集在一起，服务提供方在应对问题或是扩展服务时就能更有效地配置资源。

用咖啡馆来举例，喝咖啡的顾客、咖啡馆的投资人、服务员和咖啡师，他们是对服务产生直接影响的人，属于直接利益相关者。其中除顾客之外，其他都是咖啡馆企业内部的工作人员，也叫作内部利益相关者。有内部利益相关者，就会有对应的外部利益相关者。咖啡馆的外部利益相关者可能有很多个，他们不同程度地影响服务或者被服务影响。供应咖啡豆的商家属于食材供应商，如果他提供的咖啡豆品质、价格稳定，咖啡馆的出品就稳定。政府也是利益相关者，它通过税收获得部分服务的收益，如果政府给予税收优惠甚至是政策补贴，咖啡馆的生意会容易很多——要知道，有些企业完全是靠政府补贴活着的。除了这些直接影响服务的利益相关者之外，还有能够产生间接影响的人和组织。比如有专家、媒体宣扬说喝咖啡对身体健康极为有益，那可能会对顾客的消费意愿和频次产生影响，因此他们属于咖啡馆的间接利益相关者。以此类推，可以把所有相关的人或组织找出来。

服务设计流程与方法

讨论

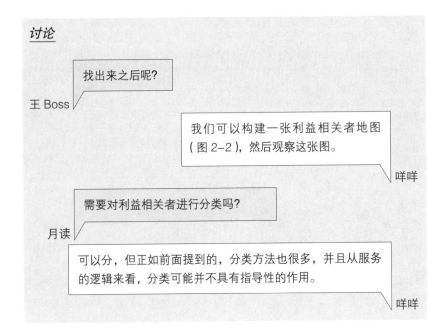

王 Boss：找出来之后呢？

咩咩：我们可以构建一张利益相关者地图（图 2-2），然后观察这张图。

月读：需要对利益相关者进行分类吗？

咩咩：可以分，但正如前面提到的，分类方法也很多，并且从服务的逻辑来看，分类可能并不具有指导性的作用。

二、利益相关者地图

利益相关者地图用于描述服务的所有利益相关者与服务的关系。图 2-3 是以用户为中心的利益相关者地图模板，图的中心是用户

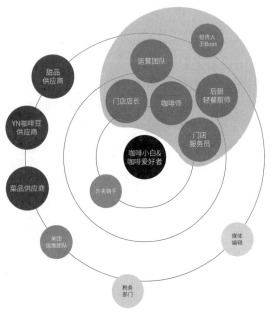

图 2-2　王 Boss 的咖啡馆利益相关者地图

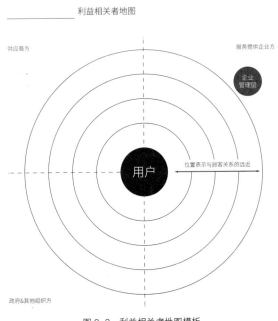

图 2-3　利益相关者地图模板

（主要指顾客），其他利益相关者按与用户关系的紧密程度放置。与顾客直接接触的、可以面对面互动的利益相关者紧挨着顾客放置在最内圈，表示对服务体验的影响最大，越次要的利益相关者则放得越远，表示与顾客的关系越弱，对其服务体验的影响越小。

构建一张利益相关者地图的步骤如下（图2-4）：

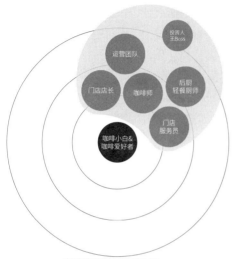

咖啡馆 利益相关者地图
步骤（a）放置用户及内部利益相关者

步骤（b）放置主要的外部利益相关者

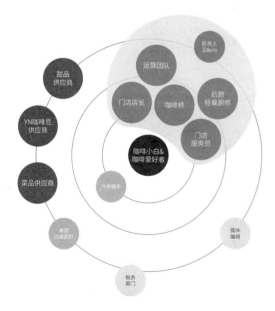

步骤（c）补充其他外部利益相关者

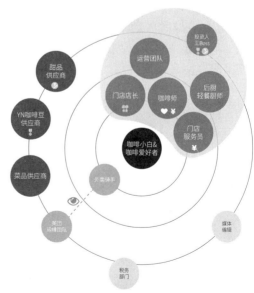

步骤（d）标注利益相关者的动机和关系

图2-4 利益相关者地图构建步骤

（1）地图的中心一般放置用户，可以对用户有具体的描述，比如：饭圈少女、忙碌上班族等，可以有多个用户。与用户相关的人群可以用较小的图标放置在用户边上，比如：父母、同事、舍友等。然后放置内部利益相关者，把属于提供该项服务的企业的人员放置在顾客周边，注意把他们聚成一组，用底色框起来。

（2）放置外部利益相关者，可以先从比较重要的供应商开始，同属于一个组织的利益相关者放在一起。模板中用虚线隔开了不同的组织，虚线的位置可根据实际图面的疏密情况调整，也可以省略。尽量具体化利益相关者的名称，比如供应商具体为某咖啡豆供应商，顾客具体为什么类型的人群，这样利益相关者地图才更有针对性。

（3）补充其他外部利益相关者，对服务影响较小的或间接的利益相关者，如政府、媒体等。

完成以上几个步骤，一张以用户为中心的利益相关者地图就算基本成型了。如果需要更加细化、更丰富图中的内容，可以在每个利益相关者下方注明他们的动机，方便深入理解和进一步讨论他们的关系。还可以通过颜色和大小来增加信息量，注意不应与原有的设定矛盾。比如可以将所有内部的利益相关者设置同一种颜色，外部的利益相关者设置为另一种颜色，但不能用颜色来解释与顾客关系的紧密程度。

常见错误：

（1）利益相关者不是人或组织

请勿将APP、自助设备等元素放置在地图中，利益相关者一定是人或组织，否则就没有利益追求、没有参与动机。

（2）不同组织的利益相关者交叉摆放在一起（图2-5）

交叉摆放会导致图面混乱，不知从何处读起，信息混杂、难以理解。

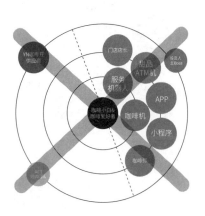
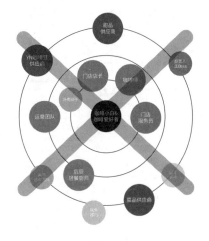

图2-5 错误的利益相关者地图

[第二章] 服务设计的相关概念

做产品设计的时候,我们往往只需要关注用户的需求,这是因为影响用户决策的主要因素是产品的价值,但当设计对象是服务时,情况就复杂得多了。顾客来到你的咖啡馆,可能因为咖啡好喝,也可能因为环境优美,还可能因为店员是只猫,又或者是这一切综合起来的感觉。我们发现,对服务来说只谈顾客有什么需求是不够的。商家是否具备满足这种需求的能力?是否需要付出高昂的成本?员工是否能够执行指定的动作?供应商是否能够提供达到要求的产品和服务?服务内容是否符合社会、特定社群或政府的价值导向等,这些都需要考虑,并且他们之间是相互影响的。也就是对于服务系统来说,涉及的变量很多,变量之间的关系很复杂。

利益相关者地图可以让我们梳理每个利益相关者之间的关系,厘清哪些是对服务影响最大的人,哪些人没有被关注到,以及他们因为什么利益被关联在一起,他们在服务系统中的驱动力等。构建利益相关者地图的过程,能够让我们对服务的概貌以及其中的各种关系有一个快速的认知,也为后期建立服务系统图打下基础。

以某咖啡馆的利益相关者地图(图2-2)举例来说,服务员与顾客的距离最近,因此他们是对服务体验有直接影响的人,说明应当重视服务员的利益。如果他们的利益没有被满足,很可能不能或者不愿意按要求执行任务、完成动作,这将会极大地影响顾客体验。

需要说明的是,利益相关者地图是非固定结构的图表,根据项目的不同可能会有不同的表达形式,如图2-6所示,用哪一种取决于实际的项目需求和目标。

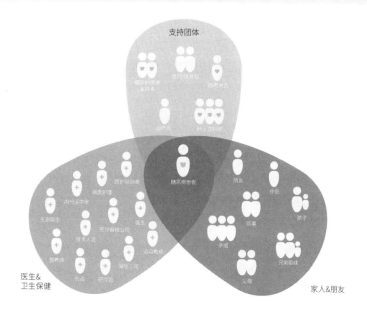

图 2-6
不同样式的利益相关者地图
(图片来源:根据网络图片绘制)

讨论

王 Boss： 感觉利益相关者很多啊,没有边际的样子!我怎么可能同时满足这么多人的需求?

咩咩： 我们的建议是先罗列,再根据企业的资源、能力进行分析,重点关注那些与顾客关联紧密的利益相关者,以及尽量不要遗漏。有这么个关于电视剧组拍摄进度的故事,天气相当不错,一切人员、设备都到位,但是拍摄进度还是被耽误了。

王 Boss： 什么原因?

咩咩： 工作人员里有一个打杂的兼职,他的工资很低,工作还特别多,还得负责给导演搬凳子,他总忘记。导演终于生气了,跟他吵了一架。

王 Boss： 意思是不要看轻任何一个利益相关者。

三、利益相关者地图的作用

构建好地图之后,我们可以开始思考以下问题:

(1)观察现有的利益相关者,是否有谁的利益被忽视了?

(2)谁跟用户的关系比较近?他们获取了什么利益?是否足够使之稳定地完成服务行为?

(3)是否可以删除一些利益相关者?是否可以引入新的利益相关者?注意这可能带来商业模式的改变。

(4)是否可以移动一些利益相关者的位置?会带来怎样的变化和影响?

通过设计来解决管理的问题也是服务设计研究的内容。利益相关者地图首先是要把需要考虑的利益相关方都列出来,确保不会遗漏或者忽视那些重要的人,并且对全局有一定程度的了解。它的用途取决于构建者担当的角色以及对它的理解。

利益相关者地图的作用可能有以下几种:

(1)对服务设计师来说,能够快速了解企业的现状、商业模式等。在构建利益相关者地图的时候,这些信息会自然而然地呈现出来。

(2)对企业来说,能够视觉化地表达自身状况,统一项目组成员的认知。服务设计项目一般需由跨专业团队完成,项目组成员来自不同的专业领域,因此统一他们的认知非常重要。

(3)关注重要的利益相关者,拟定设计策略。各个利益相关者是因为能够获取什么利益进入到这个系统的,是否能够强化这种利益使之与服务的关系更紧密、更稳固?或者增加其他特定利益使之减少对一般利益(金钱)的追求从而达到降低成本的目的?针对这些利益相关者的动机去制定一些发展策略,比如海底捞认为员工是最重要的利益相关者之一,因此非常重视员工的体验,认为只有员工发自内心的热情服务才能让顾客感受到"至上"的用餐服务体验。海底捞建立了完善的员工晋升体系,大幅提高员工的薪资待遇和福利;重视员工关怀,提供宿舍和生活服务;赋予员工权利,提高他们的主人翁意识,主动参与服务提升。此外,企业还定期给员工的父母汇款,提高他们对工作的自豪感,当员工想离职时,家人作为利益相关者也会帮忙劝阻。

(4)找到新的利益相关者或者去掉某些利益相关者,发现潜在机会。注视这张图,进行战略思考,更宏观地考虑企业及服务的发展方向。是否有些利益相关者对服务影响重大而你又无法控制?去掉TA怎么样?比如在你的地图里,咖啡豆供应商是利益相关者,但买成品豆必然成本高,要不要改变供应链?去掉咖啡豆供应商,自己烘焙豆子怎么样?当然要考虑的问题非常多,这只是一个开始。还有,是否有共同利益的相关组织、机构、企业可以加入进来成为新的利益相关者?比如一些联名活动。

利益相关者地图描述的是一种概貌,没有太多的服务细节的内容,这意味着运用时容易产生以下问题:

(1)移动或增减其中的元素会带来组织上的变动,影响较大;比如减少一个供应商,可能引起从产品到流程的改变。

(2)它是开放性的,缺少决策机制和指导原则,即它不显示某种现象,也不指向某个方向。也就是说,应该如何调整、调整将会指向怎样的发展方向、带来利益还是损害都将依赖于使用者根据具体的项目进行判断。比如应该增加还是减少利益相关者，不同项目会不同。

（3）颗粒度粗，缺少细节，操作性差。比如同类型餐厅的利益相关者地图都差不多，仅从图面上很难得到具体的结论。

讨论

> 这利益相关者地图好像不太容易看懂。
>
> ——王 Boss

> 确实有点难理解，感觉结构就是它所有的信息了。咩咩老师，能不能说说它的优缺点呢？
>
> ——月读

> 它能让你快速地得到方向性的判断和启发。利益相关者地图就像是筷子，是一个比较依赖使用者能力的工具。实际上，意识到有利益相关者本身就是最重要的。不能机械地完成地图，你得边思考边做。
>
> ——咩咩

> 看来我得多练习了。
>
> ——月读

第二节　商业模式

本节场景：咩咩和王 Boss 讨论选择何种商业模式。

讨论

> 我比较关心具体怎么做才能吸引顾客来我的咖啡店，而不是隔壁的咖啡店。
>
> ——王 Boss

> 你想开连锁店还是单店？
>
> ——咩咩

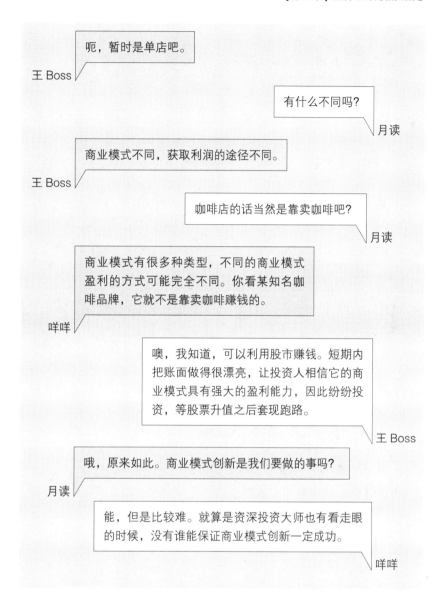

一、商业模式

　　商业模式，与利益相关者一样，业界并没有统一的定义，有很多不同的描述。为了更容易理解，我们采用《商业模式新生代》的作者亚历山大·奥斯特瓦德的定义。

　　一个商业模式描述的是一个组织创造、传递以及获得价值的基本原理。简单来说就是公司是如何获得利润的。有的企业表面看起来是依靠产品或服务盈利，但实际上可能主要收入来自其他渠道，比如麦当劳这类连锁品牌，自营店利润可能并不高，甚至完全不赚钱，主要依靠土地租金和授权加盟店盈利。

现有商业模式非常多，分类方法也很多，我们把有着相似特征、相似的商业模块设置或相似的商业行为方式的商业模式归为同一种商业模式类型。以下是一些经典的商业模式类型：

1. 分拆商业模式

这一概念将企业从事的活动分为三种不同类型：客户关系管理、新产品开发以及基础设施管理。每种类型的活动有着不同的经济、竞争和文化规则。这三种类型可能共存于同一家企业中，但理想情况下，它们各自存在于相互独立的实体中以避免冲突或不必要的消长。图2-7为分拆商业模式的三种核心商业类型。

2. 长尾商业模式

长尾商业模式在于少量多种地销售自己的产品。它致力于提供种类丰富的小众产品，每一种的销量都相对很少。将这些小众产品的销售汇总，所得收入可以像传统模式销售所得一样可观。长尾商业模式要求低库存成本以及强大的平台以保证小众商品能够及时被感兴趣的买家获得。互联网使这种商业模式类型获得了更多成功的机会。亚马逊拥有超高的图书销售量，与传统的书商相比，它所销售的冷门书籍众多，57%的销售额来自长尾搜索，虽然每一种的销量很少，由于互联网带来的庞大用户数，销量的总额依然非常可观。类似的，谷歌

	新产品开发	客户关系管理	基础设施管理
经济规则	早期市场进入获得高溢价和大量市场份额；速度是关键	高昂的客户开发成本要求从每个客户手中获取高份额；范围经济是关键	高固定成本使得高产量成为获得低单位成本的关键；规模经济是关键
竞争规则	能力之争，进入门槛低；大量小玩家争奇斗艳	范围之争；少量的大玩家主导市场	规模之争；迅速固化的市场；少量大玩家主导市场
文化规则	以雇员为中心；呵护创意明星	高度服务导向；顾客第一心态	聚焦成本；强调标准化、可预测性和生产效率

图2-7
三种核心商业类型
（图片来源：《商业模式新生代》）

推出的多种小额广告业务非常受欢迎,虽然单个资金量少,但用户数量使之成为谷歌的主要广告收益。

3. 多边平台商业模式

多边平台将两个或更多独立但相互依存的客户群体连接在一起。这样的平台对于平台中某一群体的价值在于平台中其他客户群体的存在。平台通过促进不同群体间的互动而创造价值。一个多边平台的价值提升在于它所吸引的用户数量的增加,这种现象被称为网络效应。平台型的企业有美团、百度、腾讯等。

4. 免费的商业模式

在免费商业模式中,至少有一个关键的客户群体是可以持续免费地享受服务的。不付费的客户所得到的财务支持来自商业模式中另一个客户群体。能够免费获得一些东西永远是一种极具吸引力的价值主张。我们身边的免费服务非常多,比如邮箱、搜索、社交软件、视频等,人们甚至习惯了互联网的免费服务以至于一旦要收费便会引起极大轰动。免费的商业模式若要可行,一般有三种方式:基于广告,如搜索引擎;免费的基本服务,可选增值服务收费,如视频会员;钓鱼模式,初始免费,重购收费,如移动通信运营商的首月免费或1元包月体验。

5. 开放的商业模式

开放的商业模式适用于通过与外部合作伙伴系统地配合而创造和获取价值的企业。简单来说就是企业的研发流程开放,一种情况是联合外部资源共同创新,或直接购买外部创新成果。例如乐高在产品研发上积极和外部合作,包括业余设计师、顾客、MIT Media Lab等,借助这些外部的研发力量大幅缩短开发时间。其中促成更大程度开放式创新的是乐高公司与MIT合作开发的Mindstorm机器人玩具,一推出没多久,就被顾客公开程序代码,乐高公司暴跳如雷之后选择了开放平台,果然创造出更多有创意的点子。后来还成立了乐高Mindstorm交流社群,积极和教师们共同开发课程,现在Mindstorm已经是许多学校的创意教材。由乐高、MIT和使用者社群共同形成了一个包含生产商、合作伙伴顾问、外围制造商和教师等的完整生态。而乐高也藉由利润共享、知识产权保护等配套措施完善了开放式创新。

开放的商业模式的另一种情况是企业将内部闲置的创新成果出售。例如科技巨头 IBM 公司的专利战略，在前沿领域探索投入巨额研发资金，积极申请专利、获得专利权，成为全球专利最大持有者之一。IBM 凭借强大的专利储备，通过专利许可、转让获得收入，或者诉讼获得侵权赔偿，再用这些收入反哺研发，形成良性循环。

上述商业模式类型不代表全部的商业模式分类，也不互相矛盾，一个企业可能是几种类型的集合体。商业模式要根据企业的资源条件来构建，也需要进行创新。建议阅读《商业模式新生代》来了解如何构建商业模式，也可以阅读本书第四章第二节里介绍商业模式画布的内容。本书对商业模式画布工具做了些许简化，将其融入到服务设计的流程中。

受到各种因素的影响，即便有好的商业模式，也不代表就能够获得商业成功，但好的商业模式，其核心必然是合适的价值主张。

二、价值主张

讨论

咩咩：你的咖啡店的价值主张是什么？或者说你的产品和服务能为用户提供什么利益？

王 Boss：我想是好喝的咖啡和温馨的服务吧。我们的豆子很好的。

月读：那我应该不是你的用户，我喝不出豆子的好坏。

咩咩：利益是对用户来说的，如果你的目标用户是那些资深的咖啡爱好者，豆子才管用。

价值主张：描述客户从你的产品和服务中所期望得到的收益。

看字面意思会以为价值主张宣扬的是企业或品牌自身的理念，其实不然，它指代的是顾客认可的价值，顾客认为你的产品或服务能够为他带来某些便利、解决他的某些问题、帮助他创造某些价值。

亚历山大·奥斯特瓦德在他的《商业模式新生代》一书中强调了价值主张的重要性，它是商业模式的核心组成，有好的价值主张才能有成功的商业模式。不仅如此，他还发展出了一套寻找和确定价值主张的方法——价值主张画布，后面的章节中有详细说明。我们认为将价值主张设计引入服务设计的流程中，有助于梳理机会点和提炼服务策略，以及精准地概括服务的特征和价值。

价值主张应该简单而独特，这样才能被顾客记住。价值主张一定不是为所有用户设计的，它只针对目标用户。如果有不同的目标用户，就应该针对性地提出不一样的价值主张。

目标用户群体即服务所瞄准的用户群体。定义用户群体的过程也被称为市场划分（Market Segmentation）。这些人群具有某些共性，企业能够针对这些共性提供产品或服务，从而创造价值。我们将使用"用户角色或用户画像"工具来描述目标用户群体的特征和共性需求。

第三节　服务旅程

一、服务体验

服务体验指代用户对服务的情绪感受。用户一般指使用服务的人，也就是服务的使用者。服务行为指服务提供者的行为和服务使用者的行为。以咖啡馆为例，用户就是指来喝咖啡的顾客。服务行为也就是店主和店员为了满足顾客的需求所做的一切动作，以及顾客和他们之间的互动。

体验是通过亲身经历而获得的实地经验与感受，可以分为三种类型：感官体验、情感体验和思维体验。

因为是亲身经历，实际上体验是非常个性化的，因人而异，但是有共同特征的人群，他们的体验具有一定的共性。感官体验是人的感觉器官所感知到的刺激，一般指视觉、听觉、嗅觉和触觉的感受；是大脑对感官受到的刺激做出的本能反应。比如看到自然风景使人放松，闻到香味使人愉悦，触摸到黏糊糊的材质使人恶心等；是漫长的进化过程中，人类的原始祖先为了生存而积累的经验存储在大脑中的、与生俱来的反应。人的本能很强大，所以好的感官体验非常重要。情感体验是用户在执行了一系列的行为之后形成的心理感受，比如用户使用一个漂亮的杯子喝咖啡，感官体验非常好，但是杯子的把手难以抓握，咖啡差点撒出来，此刻用户的心情就不怎么美丽了。思维体验是用户经过思考得到的体验，受文化影响，它超越感官和情感，甚至可以抑制前两种体验。比如那个非常难用的杯子，讲述了一个美好的故事——它是视障的孩子们制作的，使用它的时候给孩子们带来了成就感和希望——在我们所处的文明中，这是一种美德。谁还忍心责怪它难用呢？

二、服务旅程

在服务设计中，我们用"旅程"一词来描述用户经历服务的过程。它包含从用户搜索服务信息开始，到做出购买或使用决策，再到使用服务和完成后进行服务评价的整个过程。服务旅程是按时间序列描述的用户行为和体验。行为，指用户在经历服务的过程中做了什么；体验，指这个过程中用户感受到什么以及心情如何。

在描述服务旅程的时候，应清晰地表达用户在什么时间和空间做了什么事，他们看到了什么，听到了什么，想到了什么，说了什么，心情如何；服务提供商这边有什么人或物与之互动，如何互动等。

第四节　服务触点

本节场景：咩咩和王 Boss 讨论服务设计如何呈现。

讨论

> 不是常说"有形的产品，无形的服务"吗？服务不是主要指服务人员的行为和态度吗？

王 Boss

> 是，但服务人员只是服务的一部分，是触点之一。无形的服务是需要载体来传递的，载体包括接触点或产品服务系统。通过这些载体，服务才可以被用户感知和使用。可以说在那些优秀的服务案例中，用户的行为和体验都经过了精心的设计，而这种设计是通过流程编排和触点来实现的。

咩咩

> 除了流程还有触点,那服务设计需要做的东西岂不是很多?
>
> 王 Boss

> 可以这么说吧。最主要是整体地、系统地看待这些载体,明确方向,具体的设计工作可以交接给专业的团队完成,比如产品设计、空间设计。项目后期往往需要与专业的团队配合推进。如果项目组成员有相关专业背景的话,有一部分设计工作我们自己也可以完成。
>
> 咩咩

一、接触点

接触点(Touch Point)是指用户为了达到某个目的,经由某些途径与企业产生互动的点。接触点是服务的重要载体。以咖啡馆为例,顾客要使用咖啡馆的桌椅、餐具,要使用小程序点单,要与服务员进行对话,这些都是顾客与服务提供商也就是咖啡馆的接触点。接触点也可能只是气氛组,用于传递服务内容,比如咖啡馆的招牌、墙面,顾客只是观看,然后被吸引进入店内,但没有它们的话服务就无法发生。

接触点分为三种类型,数字触点、人际触点和物理触点。使用数字设备展示或进行线上互动的属于数字触点,比如服务场所的大屏幕、服务的小程序或APP;可以看到、摸到或感知到其存在的东西属于物理触点,比如桌椅、餐具甚至是播放的背景音乐(虽然它没有严格意义的物理形态,但客观存在);工作人员则属于人际触点,比如店长、保洁员、咖啡师、厨师等。

二、服务场景

互动(Interaction)代表的是用户在某一接触点可能发生的行为内容,比如观看、触摸、使用等。

场景(Scenario),本意表示戏剧的舞台布景、场景。戏剧作者在创作戏剧时,首先要设想戏剧发生的场景,即故事发生的时间地点等基本要素。所以Scenario现在常常表示设想出来的一种情形。交互设计师、宾夕法尼亚大学教授约翰·卡罗尔提出"基于场景"的人机交互方式，将"场景"这一戏剧表演要素用于分析、描绘一个应用被使用时用户最可能所处的情境。同理，服务场景（Service Scenario）用于描述某一时间空间中，某一触点可能带给用户的情绪和体验情形。场景可用于定义那些能够实现业务目标的用户体验。

场景包含时间、空间、用户的目标、用户行为、用户情绪等要素，是服务旅程中的关键画面。比如，某咖啡馆的场景：周末的下午，一只狗在一只猫开的咖啡馆里喝咖啡，拉花是一只微笑的猫咪，狗也微笑了起来。这个画面有点可爱，它是有情绪的，包含一些触点（咖啡馆的环境、咖啡、咖啡杯和桌面——重点是咖啡），还包含用户的心情——愉悦。

在描述场景时，需要考虑以下三种类型的情境：

（1）常用情境：在服务过程中经常发生的情况。如顾客向服务员点单、顾客边聊天边用餐。

（2）必要情境：在服务流程中必须发生的事件。如顾客必须走进咖啡馆的大门才能在店内用餐。

（3）边缘情境：鲜少发生，一些比较极端的情况下才会发生的事件。比如，餐厅突然停电了，顾客无法用餐，顾客不小心把餐具摔破了。应对边缘情境需做好预案才不至于产生混乱，给顾客带来糟糕的体验。

需要区别的是，在营销学中 Servicescape（Bitner，1992）一词也被翻译为服务场景（服务环境），Scape 作为名词后缀时有景观之意。Servicescape 是指服务旅程或事件所处的人为构建的有形环境，包括四个部分：①氛围环境；②空间布局与功能；③符号、象征和饰品；④社交环境。营销学的研究发现，服务环境对顾客满意度有着显著影响，因而逐渐成为一种重要的服务营销手段。对于服务企业而言，实体环境不仅是服务的重要组成部分，还可能成为企业间竞争的主要内容。从服务设计的角度来看，服务环境是场景的一部分，是实现服务目标的载体之一。

三、产品服务系统

产品服务系统也是服务的载体之一，即通过产品和服务构成的系统满足用户的需求。

1994 年，联合国环境规划署（UNEP）提出产品服务系统（Product Service System，简称 PSS）理念：产品、服务、网络以及组织结构所组成的有竞争力的系统。

全球最大的非营利性专业技术学会——电气和电子工程师协会（Institute of Electrical and Electronics Engineers，IEEE）也曾给出过一个更具体的定义：产品服务系统是一个由产品、服务、参与者网络及基础设施组成的系统，用于满足顾客需求并具有比传统商业模式更少的环境危害。

上述两个定义，一个由联合国环境规划署提出，另一个在概念中明确将"减少环境危害"作为PSS的目标，可以看出，PSS概念的提出，其初衷是"可持续的消费"，用户可以不拥有实质的物理产品，而获得使用产品的过程或结果，企业为顾客提供最大价值的产品和服务组成的整体解决方案，以此来降低对物质材料的消耗，最终达到生态环境的可持续发展。

更多的有关于产品服务系统的知识我们将在《产品服务系统设计》一书中进行详细讨论。

第五节　服务设计思维六原则

讨论

> 好，我理解接触点了，现在咖啡馆服务该怎么设计？可以开始了吗？
> 王 Boss

> 别急，在工作开始之前先了解一下服务设计的原则，遵照这些原则进行才不会偏航哦。
> 咩咩

MARC Stickdorn 在《THIS IS SERVICE DESIGN THINKING》一书中提出了服务设计思维的五个原则，7年后在《THIS IS SERVICE DESIGN DOING》中，五原则被迭代升级为六原则（图2-8）。

1. 以人为中心：考虑所有被服务影响的人的体验

Human-centered：Consider the experience of all the people affected by the service.

该原则最初的版本是以用户为中心，之后升级成以人为中心，即

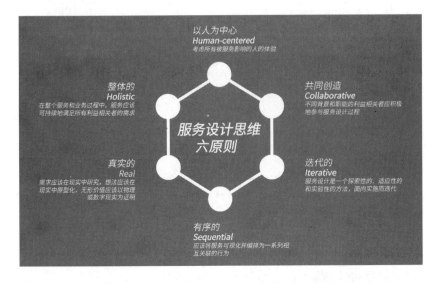

图 2-8
服务设计思维六原则

考虑所有利益相关者的体验。以用户为中心要求设计者跟用户共情，理解用户的体验和需求，时刻站在用户的视角去审视服务。在现实中，企业忽视用户的需求有时是因为实现非常困难、代价高昂；有时是提供的价值与用户的认知有所偏差，没有被感知到；有时则是因为企业内各部门的利益矛盾无法达成一致，比如酒店设计部为客人准备了很多儿童玩具，运营部因为觉得麻烦难管理而不愿意在房间摆放这些玩具。在体验经济时代，不关注用户需求将导致商业上的失败，但只关注用户需求也未必能获得成功，因为每一个利益相关者对服务都有或多或少的影响，而且这种影响与其权力的大小不相关——过去设计总是向更有权力的、更具影响力的利益相关者倾斜。

2. 共创的：不同背景和职能的利益相关者应积极地参与服务设计过程

Collaborative: Stakeholders of various backgrounds and functions should be actively engaged in the service design process.

服务包含许多利益相关者，不同的顾客群、不同的员工、供应商、合作伙伴、社群等，每个群体都有不同的目标和需求，对服务的理解也不尽相同。怎样才能同时满足如此多不同的需求？答案是把他们融入设计服务的过程中，让这些利益相关者共同创造高价值的服务。在利益相关者群体中发展共创是设计思维一个很重要的方面，同时它也是服务设计的基础部分。

3. 迭代的：服务设计是一个探索性的、适应性的和实验性的方法，面向实施而迭代

Iterative: Service design is an exploratory, adaptive, and experimental approach, iterating toward implementation.

这是新加的原则，可见在实践过程中迭代的重要性。真实的情况总是比理想化的设想复杂而且充满变数，因此设计不能停留在想象中，必须实践。服务的参与者众多、行为多样、互动复杂以及流程长，任一时间节点都存在不确定性。我们无法一开始就找到完美的解决方案，通过服务原型快速探索和不断迭代方案才是高效率低成本的工作方法。并且，即便服务落地后也需要持续地迭代以不断优化顾客体验和组织效率。有一点需要注意的是，项目匆忙落地后的不断修改将极大地影响品牌形象，迭代不是试错，不断试探用户将会付出极大的代价。

4. 有序的：应该将服务可视化并编排为一系列相互关联的行为

Sequential: The service should be visualized and orchestrated as a sequence of interrelated actions.

服务是一个动态的过程，事件按一定的次序发生，次序是它的基本结构。马克把服务比喻为一部电影，顾客体验就是观影过程的感受。正如电影一样，需要考虑故事如何展开、画面如何渲染、节奏如何控制，经历过一段时间的跌宕起伏后，给顾客留下深刻美好的印象。同样的行为不同的次序，给人的感受可能有着显著差别，比如先付款再用餐还是先用餐再付款，前者更容易使人产生压力。再比如，在原地排队等候一段时间然后快速通过与拉长队伍边走边等缓慢前行相比，后者带来的烦躁感会明显降低。

5. 真实的：需求应该在现实中研究，想法应该在现实中原型化，无形价值应该以物理或数字现实为证明

Real: Needs should be researched in reality, ideas prototyped in reality, and intangible values evidenced as physical or digital reality.

该原则在最初的版本中为 Physical Evidence，翻译为物理证据或有形展示，意即服务应当有形化、可展示。强调应当将服务中无形

的部分实体化，让顾客通过触点，尤其是物理触点和数字触点，明确地感知到服务发生。例如酒店的客房清洁服务，原本是顾客容易忽略或觉察不到的部分，清洁人员在打扫之后将纸巾折角以示此处工作完成，甚至会留下一张手写卡片说明。这样尽管客人看不到清洁服务的过程，但是可以通过触点知晓。再比如，某火锅品牌为证明自己不会使用回收油，在桌面放置墨汁，建议顾客在用餐完毕后倒入锅内。尽管并没有实质作用，因为依旧可分层，但其服务可视化的意思是对的。

新版本的原则使用真实一词，涵盖了三层意思：一是强调必须在真实的环境中调研，确保充分、翔实地了解利益相关者的需求，而非按照想象去设定用户角色——那种不存在的用户只会误导设计方向，不能解决真实的问题；二是将想法、方案制作成原型放到真实环境中去测试；三是服务的价值应该通过物理的或者数字的方式体现出来，即服务有形化。

6. 整体的：在整个服务和业务过程中，服务应该可持续地满足所有利益相关者的需求

Holistic: Services should sustainably address the needs of all stakeholders through the entire service and across the business.

该原则要求设计师无论何时都应有全局考虑，关注整个服务过程而非仅聚焦于某一点或某一利益相关者的需求。在设计推进过程中，有时会陷入某些触点形式或流程细节的纠结，过于深入而忘记项目的目标，记得随时跳出来从全局的视角观察方向是否正确，以及明确是否可满足各个利益相关者的需求。

服务提供商则应该把焦点放在自身的组织上。一个组织的系统设计、内在文化、价值观和标准，以及它的组织结构和流程对于服务设计来说都是至关重要的。服务设计需要内部利益相关者的参与，需要部门间更好的协作。企业识别由组织的管理和员工标识，而企业形象由顾客来感知。需要消除企业识别和企业形象之间的不同，这有助于提升组织内部的服务意识，也能清晰地表达员工和顾客动机的重要性。例如，具有年轻形象的企业，其内部组织也应该是年轻化的，具有充满活力的文化氛围，内外部的认知统一，这也是整体性的体现。

第六节　服务设计五要素

传统的工业设计和产品设计关注产品本身以及用户与产品之间的关系，相比之下，服务设计的关注点更多得多，即服务设计的5个要素（罗仕鉴、朱上上，2011），分别是：

（1）价值（Value）。不同的服务将会创造不同的价值，价值主张和创造是服务设计需要考虑的最高层次因素。只有那些能将企业能力和兴趣与顾客需求契合在一起并实现1+1>2的价值创造的设计才是成功的服务设计。

（2）人（Person）。服务设计以"人"为中心，"人"是服务设计的出发点，也是终点。服务设计中的"人"既包括最终使用者（服务使用者），也包括服务提供者，以及合作伙伴、供应商等利益相关者，他们都是互惠互利的合作关系。

（3）对象（Object）。服务设计的对象即服务设计"设计"什么？诚如前文服务设计案例和现有定义所示，服务设计的对象相对比较复杂，主要包括服务过程所需的平台、流程、产品、设施、工具，甚至是体验，这些都是服务生产和服务消费活动的载体，也是服务过程中的参与者和互动对象。

（4）过程（Process）。如服务设计的"对象"中讨论的那样，对于过程和流程的设计是服务设计区别于其他设计门类的一个很重要的特征，有些服务的过程是很简单和短暂的，有些则是很复杂的。

（5）环境（Environment）。有时也称之为情景或情境（Scene），是服务发生的地点或空间。这里的环境可以是物理的、有形的环境，如餐厅、医院、银行等，也可以是数字的、无形的环境，如网络平台、虚拟展厅等。

[第三章]

服务设计的流程

服务设计流程与方法

第一节　共创

本节场景：咩咩老师和王 Boss 讨论如何开展服务设计。

讨论

王 Boss：服务设计的原则之一是共创，那要怎么个共创法？

咩咩：邀请咖啡馆的所有利益相关者参与到设计流程中来，共创工作坊是常用的形式。

王 Boss：就是找利益相关者开会吗？开会大家的参与度不高啊。

咩咩：共创工作坊是一种结构化的、互动的"会议"，我们有特定的流程和工具来促使每个人都能积极参与，共同发挥创造力。

　　服务设计的基础是共创。这里共创包含两个部分，一个是设计过程的共创，即由利益相关者共同参与服务的设计；另一个是价值的共创，即服务的价值由服务提供者和服务使用者共同创造。服务不像实体产品，其价值创造无法由企业独自完成，而必须依赖于顾客的参与。以咖啡馆为例，如果顾客不走进咖啡馆点咖啡，咖啡就不会被制作出来，咖啡服务就不会发生，因此其价值无法被提前生产出来并存储，只能即时创造。

　　设计过程的共创常用的方法是共创工作坊（图3-1），即邀请利益相关者通过工作坊的方式共同参与服务设计。共创工作坊一般在项目最开始的阶段举行，这非常重要，它导出方向性的结论，影响项目走向和决策。并且，有共创工作坊作为基础，在后续的设计过程中各种设想都将更容易推进，因为企业的决策层和所有与项目相关的部门都已有所了解，也对服务设计要做什么有了一定程度的认知。

　　根据项目目标及参与者的不同，共创工作坊的做法也会有所不同。共创工作坊的流程和使用的工具往往需要根据实际情况进行设计和选择。我们做过数量不少的共创工作坊，仅介绍常用的工作坊流程和注意事项。

[第三章] 服务设计的流程

图 3-1
共创工作坊

1. 邀请利益相关者

邀请的利益相关者应尽可能包括服务提供商的领导层、管理层、执行部门一线的工作人员代表，以及目标用户、外部的直接利益相关者如供应商等。共创工作坊的人数应控制在 25 人以内，人数过多一方面容易引起嘈杂、混乱、时长难以控制，另一方面会降低某些成员的参与度。企业的领导层通常认为自己没有时间和必要参加这类会议，但必须明确的是，工作坊不是会议，权力越大的人参与，能动用的资源就越多，服务设计起到的作用就越大。

2. 设计工作坊流程

根据项目目标和参与者拟定工作坊流程。工作坊参与者对流程有着重要影响。有用户参与的工作坊必须考虑用户的视角，需要围绕用户展开，使之在整个过程中能理解和投入；无用户参与的工作坊则需要通过用户画像、移情图等工具促使参与者与用户共情，理解用户需求，保证讨论不会偏离初衷。

以用户参与的工作坊为例，一般按以下步骤进行：

（1）对前期调研得到的用户角色、用户画像进行确认，达成共识；

（2）共同完成顾客旅程图，找到痛点、爽点，制定设计策略；

（3）进入头脑风暴环节，共同进行创意发散；

（4）DVF 筛选法进行创意筛选；

（5）角色扮演或乐高剧发展和演绎创意。

3. 工作坊准备

（1）分组，一般每个小组不超过 5 人，并且需要将同类型的人员分开，保证每个小组的组员均由不同知识背景的利益相关者构成。尽可能在每个小组分配一个服务设计师作为助手，在整个工作坊过程中可以协助概念解释、工具使用和环节推进。

（2）提前准备好用于分享的用户角色、用户画像等初步研究成果，以及用于启发参与者的相关案例、项目背景图片等，制作成 PPT。

（3）将需使用的图表工具打印成大的图纸贴于墙面。准备不同颜色的便签纸、两头粗细不同的马克笔、草稿用白纸等。

4. 工作坊执行

工作坊需要一个主持人，介绍背景、工具和控制每个环节的时间。主持人应该对整个项目有较为深刻的理解，能够观察和判断工作坊进程和效果，必要时适当调整时间并能适度活跃气氛。各小组的服务设计师协助解释规则、步骤、内容并引导和推动参与者积极发言、行动。

5. 工作坊总结

工作坊中所有的工具图表都应该拍照存留，后期有疑问的时候可查找原始信息。梳理分析工作坊的过程和结论，与前期研究一起汇总成策略报告。

需要注意的是，首先，判断所邀请到的用户是否准确，用户是否真实发言，哪些内容是用户的原话。如果用户不真实，工作坊的结论就不可用；如果用户较为典型，发言也为真，则结论可作为方向性的参考。其次，由于企业内部人员较易受职位影响，如一切以领导的意见为准,因此一方面需要在工作坊过程中强化平等发言,另一方面要对结果注意判断,是否主要为某一人的意见。

讨论

> 共创工作坊的结论可以直接使用吗?
>
> —— 王 Boss

> 从共创工作坊我们可以得到很多有用的信息,比如用户的真实想法,如何看待咖啡品牌这些;还可以知道一线服务人员的痛点,同时让他们参与创想还能有效地激发他们的创意,得到不同视角的解决问题的思路。但是毕竟工作坊的时间比较短,结论也受工作坊质量的影响,总之作为重要参考是可以的,最终仍然需要服务设计师来做分析、整理和归纳工作。
>
> —— 咩咩

第二节 双钻模型与领结模型

讨论

> 对设计来说,流程重要吗?
>
> —— 王 Boss

> 重要。流程是设计思维的一种体现。设计过程是发散聚焦,再发散再聚焦,不断迭代直到得到合适解决方案的过程。
>
> —— 咩咩

> 按照流程进行就一定能做好设计吗?
>
> —— 月读

> 流程只是告诉你基本的步骤,可以怎么做,但思维方式仍然是最重要的。不能为流程而流程,否则就会做了很多工作、花费很多时间仍然得不到结论,或者朝某个错误的方向一路狂奔。
>
> —— 咩咩

服务设计流程与方法

在业界不同的公司做服务设计的流程会有所不同，工具也不尽相同。事实上，服务设计项目的内容差异很大，以致于不同项目的设计流程可能并不相同，因此设计的第一步往往是根据项目需求先进行流程的设计，考虑需要用到哪些工具，如何排序等。可见，工具集是服务设计非常重要的部分，也是目前服务设计书籍和网站介绍得相对多的内容。要求设计师掌握各个工具，并能根据项目进行选择、组合甚至是调整，无疑对其知识和经验有着相当高的要求。

因此，面向初学者，我们将常用的设计流程与工具关联起来，并引入了价值主张设计的方法，形成一套更加易于学习、理解和运用的服务设计流程和方法——领结模型，其有效性也在课题和实践中得到了多次验证。

领结模型（图3-2）或者说领结设计流程，是在双钻石设计流程的基础上加入价值主张设计环节形成的。双钻石（Double Diamond）理论是由英国设计委员会（British Design Council）在2005年发表的学术性方法论。因其由两个菱形组成，形似两颗钻石，因此被命名为双钻石流程或双钻石模型，有时也简称"双钻"。

尽管事实上设计流程是非线性的，但是可以明确它的大致结构。这个结构采用的是迭代的方法，理解这一点十分重要。探索和定义是第一个钻石，发展和执行是第二个钻石。从图形可以明确地看出整个设计过程是发散、聚焦、再发散、再聚焦的结构。而其中的每一个阶段都有若干工具可供选择，用于推进本阶段的工作。

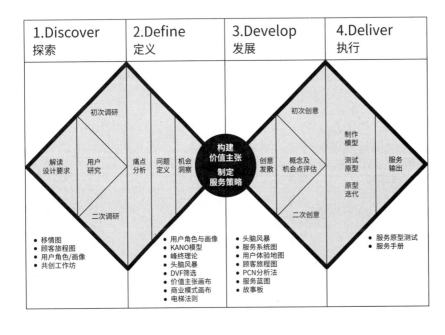

图 3-2
领结模型 Bowtie Model
（图片来源：作者在多个网络图片基础上改绘而成）

领结模型减少了一些在运用上难度较大的工具，如用户日志；增加了更理性的分析工具——PCN图；最核心的变化是在两颗钻石之间加入了一个圆：价值主张设计。这个圆形结构有助于梳理和筛选出那些最有价值的问题，从而制定适合的服务策略以指导后续设计。

1. 探索

探索阶段的任务是找到真正的问题在哪里。首先要对设计要求进行解读，了解服务企业的需求。我们接触很多服务的项目发现，企业对服务设计的认知甚少，只是期待像产品设计那样收获一套能带来高附加值的服务方案。但是正如前面服务设计六原则所说，服务的基础是共创，是所有利益相关者的参与，最终服务方案也将影响到所有利益相关者，因此尽管服务设计的目的在于提升用户体验贯穿整个流程始终，但仅仅从用户的角度开始是不够的，应当从了解所服务的企业开始，内容包括其发展目标、商业模式、组织架构等。这里主要的方法是深度访谈、焦点小组和共创工作坊。

举例来说，之前所说的咖啡馆，我们首先要了解企业的基本情况，比如商业模式、组织结构、愿景和资源，以及内部利益相关者如各部门员工的想法，尤其重要的是领导层对服务设计的认知和态度，这将大大影响设计方向和执行。例如，有很多的"网红店"在用户体验方面做得很新颖，营销投入也很多，因此早期吸引了大批用户来打卡，但是企业自身并没有为此做好充分的准备——自身供应链的优化、运营团队的建设、后台效率的提升等，因此服务质量下降、后续无更新或者曝出食品安全问题等，最终生意惨淡甚至关门大吉。有时候真正的问题并不是运营，而是领导层的决策错误或是企业文化造成的，这时候无论怎样对服务本身进行修补都将收效甚微。在探索阶段这些问题不应回避，而是要尽可能早地找出来。

然后开始对用户进行研究，理解用户，挖掘其真实需求。探索阶段可以使用的工具有：

（1）移情图——用于与用户共情，理解用户认知，感受用户情感；

（2）顾客旅程图——用于从用户的视角观察整个服务过程，发现痛点和问题；

（3）用户角色与用户画像——用于明确用户是谁，有怎样的特征；

（4）共创工作坊——用于组织利益相关者参与讨论，共同发现问题。

■ 服务设计流程与方法

在探索阶段，应该让尽可能多的利益相关者参与，理解他们的不同需求和整个系统的结构。通过实地调研去观察用户和服务人员，找到他们的痛点及其原因，即现象背后的根源问题。

讨论

王Boss：所以我们如何开始探索？

咩咩：首先会做一些桌面研究，了解行业背景。再跟你和你的团队做一个访谈，了解包括市场环境、商业模式、企业愿景、团队能力、现状和存在问题、竞争对手、目标用户在内的信息。

月读：然后就派我们去实地调研，探访你的店，以及研究你的主要竞争对手。我们会设计访谈的提纲，筛选目标用户，对用户进行一对一深度访谈，了解他们真实的需求、痛点和爽点，完成顾客旅程图。

咩咩：组织共创工作坊也是可以的。

2. 定义

经过探索阶段我们可能发现了非常多的痛点和问题，范围广阔，类型多样。有可能是小的服务细节问题，比如高峰期等待时间长；也有可能涉及行业供应商的能力，比如保鲜技术限制带来的口味不稳定；还可能是环境因素，比如导航定位不准、店面位置隐蔽等。问题太多、过于宽泛会使设计工作失去重点。在学习过程中，我们也经常遇到这种情况，觉得很多问题都需要改进，一条一条地改进，花费很多时间但主次不分，最终结果就是好像改了很多细节，但整体服务体验却没有多少提升，或者说即使提升了也缺乏自己的特色，无法形成区隔。

定义阶段需要明确项目真正的、最重要的问题是什么。首先，我们要对所有的痛点、问题进行分析和梳理，找到其根源问题。实际上,用户旅程中的各个问题可能是相互关联的,不应该单独看待。有些痛点背后可能是同样的原因,比如排队久和出餐慢可能关联同一个问题——员工不熟练或者工作效率低。我们需要搞清楚的是,这个问题是如何造成的?影响该问题的因素有哪些?以及与之关联的用户需求是什么?对发现的所有问题进行聚类后,将找到一个或几个与之对应的根源问题。如何聚焦、聚焦到哪一个点上非常重要。这个聚焦的过程我们称之为定义,也就是明确项目的核心问题是什么,与之关联的因素有哪些,框定研究的方向和范围。

然后是机会洞察,观察这些需求或者问题背后是否隐含着某种机会,能够创造更高价值的、获得竞争优势的机会。比如,发现员工不熟练的问题,存在两种可能性:一种是低薪水、高工作强度及无发展前景导致的人员流动过大问题——其本质是行业共有的问题;另一种是该服务的工作内容、流程或者设备过于复杂导致的效率低。前者的机会点在于可通过优化内部组织结构,改善员工体验,尽可能降低流动性;后者的机会点则是优化工作流程、支持系统和设备,降低工作的难度和复杂度,以减少服务对人员能力、数量的要求。无论哪一种,都将对现有的服务产生重要影响,服务流程和部分触点也都将随之改变。这时候原来旅程中的那些小问题就需要暂时放到一边。对于企业来说,需要做出决策:这是否服务最核心的问题?是否是一个有价值的问题?是否是一个值得投入的方向?

定义阶段可以使用的工具有:

(1)用户角色与用户画像——用于明确服务的目标用户是谁;

(2)KANO 模型——用于分析问题与用户需求的关系,以及问题的价值;

(3)峰终理论——用于筛选有价值的问题,制定服务策略;

(4)头脑风暴——用于构思服务策略、价值主张和解决方案;

(5)DVF 筛选——用于筛选服务策略或解决方案。

接下来,开始构建价值主张,流程进入到领结模型中心的圆圈。我们需要对以下问题进行更深入的探讨:要解决的问题与用户需求的关系是什么?对服务的目标有什么影响?是否能持续地为用户带来利益?通过哪些手段可以实现?通过思考这些问题,制定出合适的服务策略,为新服务构建独特的价值主张。所有的设计都应服务于价值主张。

当价值主张确立,再进一步分析商业模式,探讨商业可行性。用户是否愿意为之付费?是否已经有类似的服务?我们的竞争优势在哪里?这是一个迭代的过程,可能要反复多次,甚至要回到定义阶段重新审视核心问题。该阶段可使用的工具有价值主张画布、商业模式画布、电梯法则等。

讨论

王 Boss：我们现在已经发现很多问题了，接下来怎么办？

咩咩：整合所有资料，使用系统图、旅程图等工具分析、归纳和筛选问题，圈定本次项目的范围和关注的重点。

月读：具体步骤？

咩咩：先创建用户画像，保证我们对目标用户理解一致。整理和分析顾客旅程图，定义最重要的或是最有价值的问题——这个衡量标准跟企业的愿景和资源关联，就是说企业想向哪个方向发展？比如赚钱第一还是第二，想做成本驱动还是价值驱动等等。

王 Boss：你知道我这个人还是挺有社会责任感的。我想做点有人文关怀的事，当然也要赚钱。你知道熊爪咖啡吗？我想做点类似的。

咩咩：早说啊！调研方向都有点不一样了。想帮助什么群体呢？

王 Boss：我知道有视障咖啡师，以他们为主吧。

咩咩：那可以在这个阶段组织共创工作坊，邀请你、你的运营团队、咖啡师和目标用户代表一起参加，共同来定义问题、提出解决思路。

3. 发展

发展阶段即方案设计阶段，一旦价值主张确立，所有的设计都应围绕它展开。注意，在前面两个阶段我们暂时不思考具体的解决方案，可以提出一些可能的方向，到明确核心问题之后再进行创意发散。如果过早地思考非常具体的方案，有可能会偏离目标，或者陷入小细节中从而忘记整体性。还有一种情况也应当避免：认为某些问题无法解决而直接将其忽略。

我们需要尽可能地打开思路进行各种可能性的联想，而非局限于现有的、常规的解决手段。虽然拷贝服务比拷贝产品更加容易，但也意味着更加难以形成竞争门槛。寄希望于仅改变用户体验而不优化后台来获得较长时间的竞争优势是不现实的。

发展阶段同样要经历多次的迭代，即不断地推演概念方案，工具可以是讨论原型测试或者角色扮演，评估方案的效果和可行性。遇到失败则需从头开始思考是否还存在其他的可能。

服务设计的方案到底是什么内容和形式？是某种策略构想还是一套流程细则？抑或是具体的交互流程和界面？实际上都有可能。服务设计首先是服务价值主张的设计，然后是服务流程的设计，之后开始构建服务场景。服务场景不同，输出物也有很大的不同，比如线上场景不会涉及空间的设计。不同学科背景的服务设计师擅长的领域不同，在方案呈现上也会有所侧重。区别于产品设计、建筑设计、视觉设计这类传统设计学科有明确的输出物，服务设计项目在开始时可能难以明确输出物会是什么，这也是真正困难的地方。一方面应该在立项时与服务企业有充分细致的沟通；另一方面在知识结构上，设计师应有某一学科的基础能力，不能只会分析和喊口号。此外，方案可视化对服务设计来说也非常重要，能够大幅提高沟通效率。

发展阶段可以使用的工具有：

（1）服务系统图——用于描述系统结构，服务包含几个功能模块？与哪些组织或企业有业务往来？

（2）用户体验地图——用于描述旅程和服务体验；

（3）PCN（过程链网络）分析法——用于分析服务接触和效率；

（4）服务蓝图——用于分析后台工作流程和系统；

（5）故事板——用于描述服务旅程和触点。

讨论

王 Boss: 如何开始设计？

咩咩: 针对核心问题展开头脑风暴，这个过程得好几轮吧，想法越多越好，先有量，再有质。等方案足够多了，开始用工具来筛选。

月读: 这个时候的方案只是一些文字描述的概念吧？

咩咩: 最终方案的视觉化可以交给服务设计师来做。当然，这个过程可能是同步的。快速绘制用户体验地图、初步的产品或数字触点的功能和界面、空间布局和风格等，并用故事板描述新的服务旅程，确保项目组成员之间的认知是一致的。

4. 执行

执行阶段要进行多次的原型测试，对前面创意发散阶段提出的各种概念设想进行测试、修改、再测试、再修改，直至服务试运行，即服务实施。正如新产品需要打样测试一样，新服务也需要模拟和测试。服务原型有以下三种类型：

（1）讨论原型

讨论原型测试是一种高效、低成本的测试方式，常用于方案讨论和深化阶段（图3-3）。其特点是快速、粗糙，在方案形成过程中也可以进行测试。利用简单的材料快速搭建用于模拟服务触点的草模，由利益相关者或者设计师通过角色扮演的方式运用这些草模来模拟服务过程。由于草模粗糙，角色扮演者可以根据自己的想象进行描述和交互，存在较大的发挥空间，因而更有利于方案的讨论、发展。

（2）参与/模拟原型

参与/模拟原型通常用于方案已经基本确定之后，通过模拟真实的服务环境来检视其可行性（图3-4）。参与原型和模拟原型区别较

[第三章] 服务设计的流程

图 3-3 讨论原型测试（左）
图 3-4 模拟原型测试（右）

小，可理解为低保真和高保真的差别，都需要真正的工作人员参与（即整个服务流程中执行服务行为的各个岗位的工作人员），以及真实的用户参与。测试使用的触点可以是打印的、功能和界面基本明确的草模。测试环境选取实际地点或者条件尽量接近最终服务场所的空间。模拟原型可以揭示真实情况下服务前后台可能发生的各种状况，用户、工作人员对新服务流程的接受度和体验，找出潜在的问题。

（3）领航原型

领航原型需要在完全真实的环境中进行测试，因此可以将其理解为服务的试运营。真实的环境非常重要，因为环境对人的行为影响巨大。在模拟原型测试中一切顺利的服务可能正式运营就会遇到各种问题，比如受到场地的气候、声音、附近的商业、用户数量等一系列的因素影响。我们曾经遇到过一个项目，模拟原型顺利，但服务提供商的活动场地夏季日晒严重，白天大部分时间都炎热无比，活动体验不佳。

领航原型测试的时间从一天到一年不等，一般依据具体项目需求而定。测试环境需一定程度可控，可根据测试任务进行调整，例如触点的材料、摆放位置、设备数量、用户人数等；并能结合测试效果进行迭代。在实际的课题中，领航原型往往耗费的时间和费用都较高，但是能最真实地看到方案的问题和效果。

总体来说，跟实体产品的设计流程的相似之处在于，实体产品也要经历调研、明确设计方向、进行产品设计、打样、测试、修改设计、再打样直至定样投产这样的流程，并且其构思过程也是针对问题进行资料的搜集、广泛联想来搜寻解决思路，再收拢到可行的方向上，深入探讨。不同之处则是实体产品非常明确，容易想象，其结构不会因顾客的资源、能力变化而改变，也基本不需要考虑其他人群的需求比如员工。与想象一个产品并把它画出来相比，想象一个服务并把它完整地表达出来显然更复杂，因此服务设计也更加依赖于工具。下一章我们将对一些常用工具进行介绍。

讨论

> 讨论原型很简单，可以在设计过程中就做吧？
> ——月读

> 是的，可以边设计边测试。有时候想得太多并不是什么好事，行动起来测试一下你的想法就知道是否可行了。就着文字和图片讨论，沟通会议时间会很长，每个人的想象都是不一样的。但当你拿出原型，大家就都清晰了。
> ——咩咩

[第四章]

服务设计的常用工具

第一节 探索工具

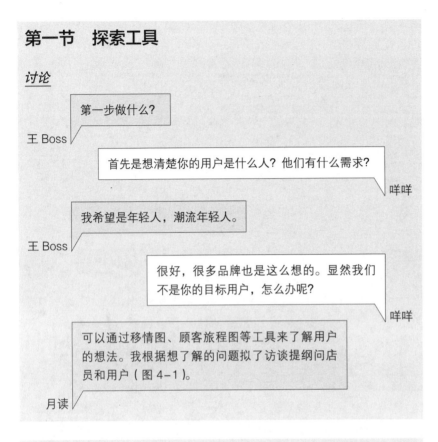

工欲善其事，必先利其器。服务设计的工作较为复杂，涉及人员众多，因而更需要好的工具辅助。需要说明的是，服务设计的工具多来自其他学科，根据各自项目的需求不断演化形成，但实际上并无统一规范的形式。很多工具也依然在演化中，甚至可以根据项目修改其模块。本书暂不做工具的来源考据及规范性讨论，仅总结在项目过程中积累的使用经验。

服务设计的工具可以在不同阶段根据需求和阶段目标选择使用，可能会重复使用某一工具，比如顾客旅程图在探索阶段和发展阶段都适用；也可能在使用时侧重点不一样，比如探索阶段主要用于发现问题，因此更关注情绪曲线，而在发展阶段则更关注触点衔接。接下来我们介绍一些常用的工具，主要讲解其使用目的、结构和用法，以及每个阶段可以使用哪些工具，为什么用、怎么用。

需要注意的是，工具不能替代能力。会使用工具不等于具备洞察能力，因为工具就像笔和电脑，是为了让你更容易去思考、洞察、归纳和表达，为了让项目组成员能够更容易达成统一的认知，使沟通更顺畅、协作更有效率。

[第四章] 服务设计的常用工具

图 4-1
咖啡馆调研访谈提纲
（图片来源：蔡豪宗、尹雪、苏佳瑶、任春宇、胡俊玲绘制）

并且，工具需要多加练习才能熟练运用。使用初期肯定会充满疑问：写得对不对？写这些有什么用？请仔细阅读案例，并且将自己做的图、思考的过程和案例进行比较，再不断修正。多加练习，工具就会用得得心应手。

一、移情图

移情图也被翻译为同理心地图（图 4-2）。

同理心（Empathy）一词源于德语"Einfühlung"（意为"把感情渗进里面去"），原本是美学家形容人把自己的生命和情感外射到对象之中并为之感染从而达到人物合一的现象，后来心理学家铁钦纳将其带入心理学领域，翻译为 Empathy，用以描述"感觉我们自己进入到其他物体内部的过程"。随后同理心概念在心理学研究中得到了极大发展，Feshbach（1969）认为同理心是一种能够了解、预测他

- 049 -

服务设计流程与方法

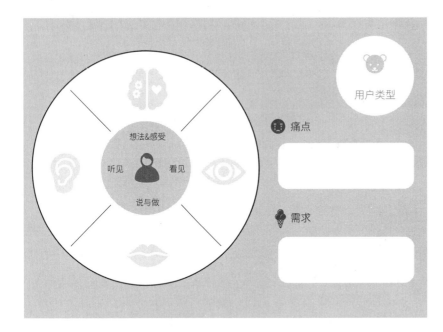

图 4-2
同理心地图
（图片来源：根据 WWW.XPLANE.COM 修改）

人行为和感受的社会洞察能力。Rogers（1980）认为同理心是指暂时进入对方的内心世界，不带任何评价地去感受对方的感受和经验，敏锐觉察对方经验意义的改变。

概括来说，同理心包含两个部分：一是理解他人的认知，即能用他人的方式看待事物；二是感受他人情感，即能理解他人为何会产生该情绪，能感知情绪如何影响行为。以医院的服务为例，就医流程一般是先预约挂号再诊疗，科室的分类是按医学专业进行划分的。听起来似乎没任何问题，很合理。一位患者牙齿缺失，想种牙，在网上预约了牙齿种植科，就诊后被告知有牙周病，需改挂牙周科进行治疗。此时患者已经等待三小时，当天牙周科也已满号，只能选择加号排到最后或者改天再来。患者因而情绪不佳，遂放弃治疗。这是患者的问题吗？如果没有同理心，确实会归咎于是患者自身的问题。但是如果代入患者的视角，在认知方面缺乏专业知识，平时也没有关注这方面的知识（关注的话牙齿情况也不会如此糟糕了）；情感方面，牙掉了影响食欲和形象，内心非常着急，因此才会如此愤怒。

讨论

> 如果这个他人是一个虚构的人物呢？比如小猪佩奇。

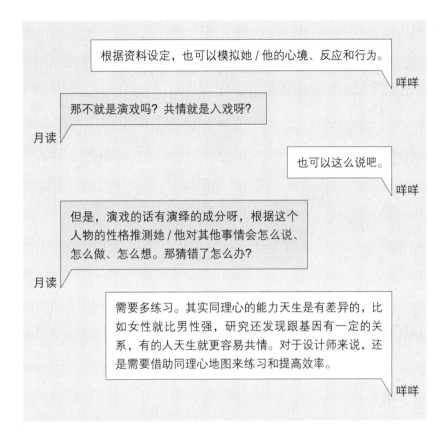

在服务设计的语境里,拥有同理心意味着设计师需要将用户的认知和情感投射到自身上,暂时屏蔽自我,进入用户的世界,设身处地地从用户的角度看问题。需要注意的是,共情用户的时候不应评价对方,这会使你脱离用户的视角。访谈、问卷等方法可以询问用户有什么需求,但这往往很难回答,有时词不达意,有时想不起来,有时用户也未必知道自己需要什么。有趣的是,用户有一种能力,就是虽然不知道想要什么,但当产品或服务摆在面前,他们立刻就知道这不是我想要的。因此只有与用户共情,深刻理解其想法,才有可能创造出理想的产品或服务。有设计师为此付出了巨大的努力,为了理解老人的需求,他们将自己打扮成老人生活了三年时间,最终成为适老设计的专家。与之类似的、程度较低的,移情图是一种在较短时间内,帮助设计师理解用户的有力工具。图 4-3 为 PSSD 课程中学生根据用户访谈制作的同理心地图,呈现爱美女生外出时对化妆的需求。

作用:与用户共情,理解用户的认知、看法、行为、期望、动机、幻想等。

怎么做?

服务设计流程与方法

图 4-3
移动化妆产品服务系统同理心地图
（图片来源：苏佳瑶、潘佳琪等绘制）

（1）找一个白板，画出或打印出移情图模板；

（2）每次讨论在 30 分钟到 1 小时之间；

（3）邀请产品/服务团队的核心成员，如总经理或项目经理，开发和运营人员，一线服务人员，其他设计师，以及用户代表；

（4）提一个比较宽泛的问题来帮助大家打开思路，例如：为什么会有人爱喝星巴克？

（5）根据不同用户来预留白板上的空间分配，例如：一部分用来分析张三，一部分用来分析李四；

（6）分发便签，并鼓励大家写下自己与移情图各个象限相关的想法和点子；

（7）查看完成后的移情图并讨论所有规律和异常点。

主持人要不断用启发式提问来帮助大家思考，如：用户在什么场景下使用该服务？使用该服务是足够有乐趣的吗？或者说用户期望在使用过程中得到这些吗？在不使用该服务时，用户的生活是什么样的？用户平时过着怎样的生活？

注意事项：平时要留意观察用户，或者提前做好用户访谈，以免毫无想法或陷入无依据的想象中。

二、顾客旅程图

顾客旅程图（Customer Journey Map），也有翻译为用户旅程图，是服务设计中最重要的工具，它可以使设计者真正地从用户视角

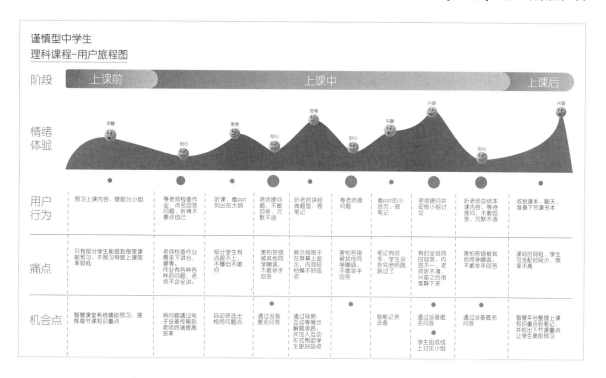

图 4-4
中学生理科课程用户旅程图
（图片来源：杨沛丹等绘制）

去审视服务流程中的问题，去洞察用户的真实需求。旅程图的核心是同理心。

Megan Erin Miller 认为一个好的旅程会以叙述的方式讲述用户所经历的故事，就像用户写的一样。它包含了实际体验中所有丰富的内容——情感、内部对话、高潮和低谷——这是一个真实的故事。作为设计师，我们有机会站在用户的立场上，"看"他们会如何体验。

图 4-4 是中学生上理科课程的用户旅程图，这类学生自信心不足，害怕被同学嘲笑，从旅程图可见常常担心被老师提问。图 4-5 是某品牌的仓储服务的顾客旅程图，情绪曲线显示整个用户体验都不太好，很多问题无法获得及时的反馈。

作用：

顾客旅程图描述用户从了解产品及服务到消费完离开的整个体验过程，可以帮助我们发现每个环节可能存在的问题和机会。

怎么做？

在构建旅程图之前，首先要通过采访用户来获取他们的见解。通常是做一定数量的一对一用户访谈。访谈数量越多，结论的可靠性、有效性会越好，但受项目时间和费用的限制，必须找一个平衡，我们的建议是至少二十个以上。然后将所有用户的访谈内容进行对比，找

服务设计流程与方法

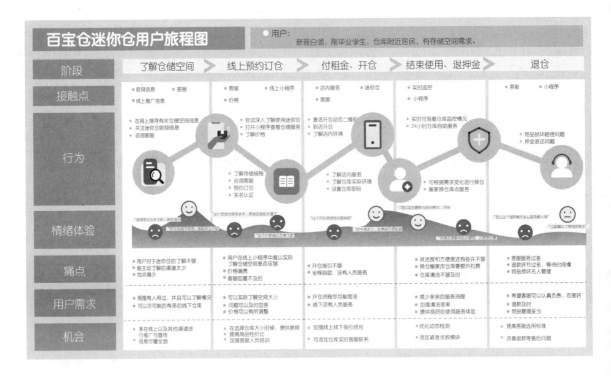

图 4-5
迷你仓服务顾客旅程图
（图片来源：朱世怡等绘制）

到共性、模式和趋势，从而创建出一个该类型用户的典型旅程。

此外，还可以从已经收集到的用户体验数据中拼凑出一个用户旅程图。

顾客旅程图（图 4-6）的结构非常简单，它将服务分成三个阶段，服务前、服务中、服务后。"服务前"指顾客还没有使用到服务，只是从其他渠道接触到我们的服务和品牌，比如浏览其他平台（点评网站、外卖平台、朋友圈等）时看到或听朋友提起，又或者无意中经过店门口；如果研究的是在线服务，则服务前指未进入服务商官方主页浏览的阶段，例如浏览淘宝首页、第三方平台、搜索引擎等。

"服务中"比较好理解，就是顾客已经在使用服务的阶段，比如进入门店坐下点单、使用自助服务的设备；如果是线上服务则是指进入到店铺的主页仔细浏览、使用服务商的小程序等。

"服务后"是服务完成之后用户离开门店或者离开服务商的主页之后的阶段，此时可能仍然会发生与服务关联的事件或者行为，比如顾客收到服务商公众号的活动推送、收到打折短信（由于太多，现在已经是一种骚扰了）、问候及反馈邮件，等等。

如果我们研究一个已有的服务，它会有一条代表用户心情起伏的情绪曲线，这条线把用户的感受很直观地表达出来，我们可以明确地

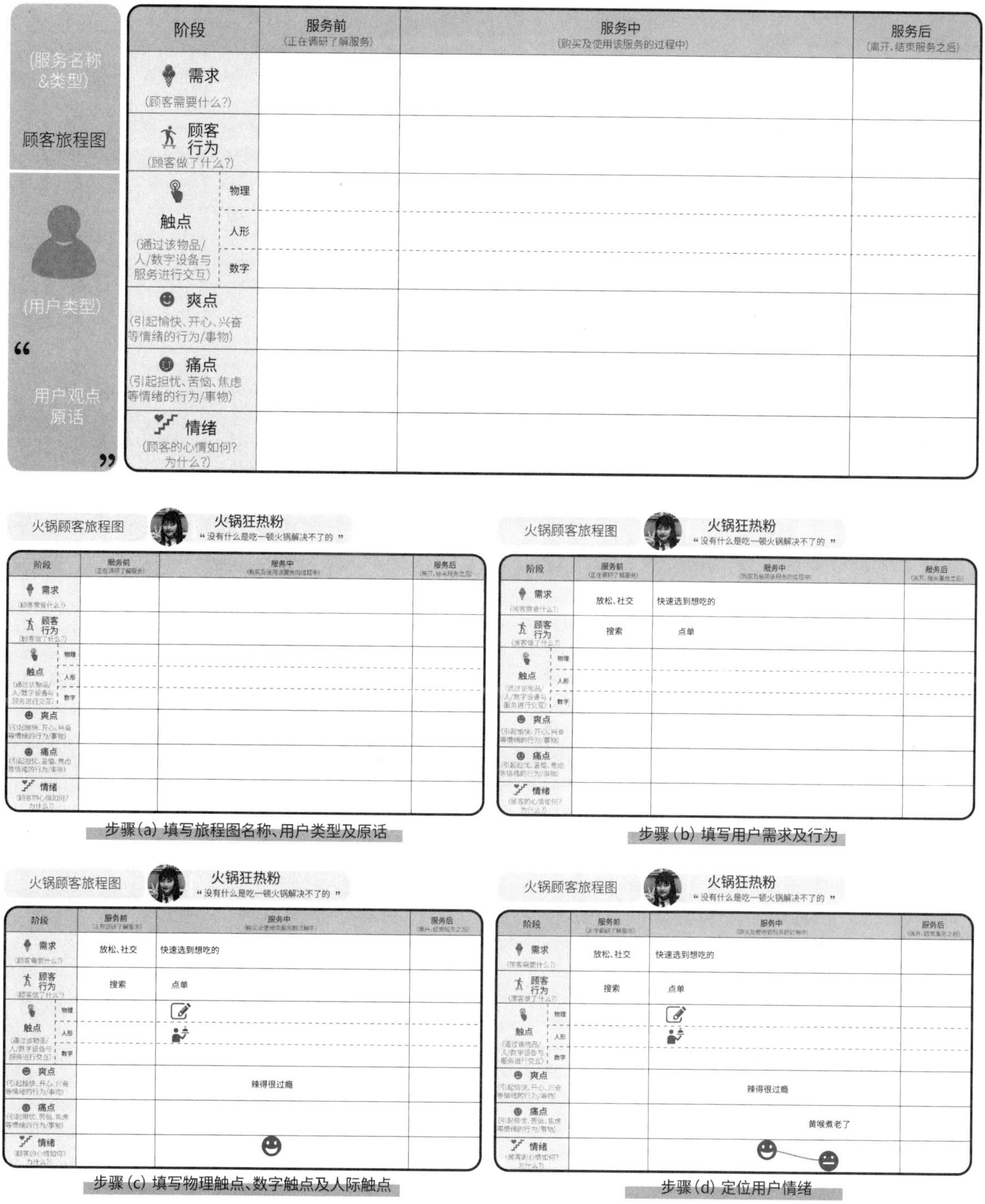

(服务名称&类型)
顾客旅程图
(用户类型)
“用户观点原话”
阶段
服务前
(正在调研了解服务)
服务中
(购买及使用该服务的过程中)
服务后
(离开，结束服务之后)
需求
(顾客需要什么?)
顾客行为
(顾客做了什么?)
触点
(通过该物品/人/数字设备与服务进行交互)
物理
人形
数字
爽点
(引起愉快、开心、兴奋等情绪的行为/事物)
痛点
(引起担忧、苦恼、焦虑等情绪的行为/事物)
情绪
(顾客的心情如何?为什么?)
火锅顾客旅程图
火锅狂热粉
“没有什么是吃一顿火锅解决不了的”
放松、社交
快速选到想吃的
搜索
点单
辣得很过瘾
黄喉煮老了
步骤(a) 填写旅程图名称、用户类型及原话
步骤(b) 填写用户需求及行为
步骤(c) 填写物理触点、数字触点及人际触点
步骤(d) 定位用户情绪

图 4-6　顾客旅程图模板及填写步骤

看到其体验哪里是高峰哪里是低谷，以及对应的是什么造成了这些高峰和低谷，这将是设计中需要特别关注的地方。

每个阶段下方列出顾客的需求（想要什么）、行为（干了什么），以及他接触到了什么物品、人和数字设备。最下方的两栏是顾客的感受，感到快乐还是困扰，兴奋还是焦虑，满足还是郁闷，以及是什么造成的。这些内容我们需要通过用户访谈、门店观察得到，切勿代入自己的想法。

根据项目不同或者使用阶段不同，旅程图的栏目是可以调整的，有的旅程图会把机会点列出来，有的则会省略爽点或者情绪曲线。新服务概念的旅程图由于项目未落地，未有顾客反馈，一般省略情绪曲线或绘制理想化的曲线。

以餐饮服务为例，简单说明一下旅程图该如何填写。

第二行是顾客在该阶段的需求和目标，即他这时候实际想要的是什么，比如他看餐厅的门头，是想搜寻什么信息？是否想了解这是吃什么的餐厅？餐厅的价位如何？

第三行是顾客在不同阶段的行为，就是他具体做了什么动作，填写格式一般为动词或是动词+名词，比如查看餐牌、坐下点餐、聊天；是将用户作为省略主语的活动或步骤，这样沟通时会更清晰。

第四行是顾客在执行这些行为时接触到的物品、人和数字设备，比如他通过 iPad 点餐，数字触点就有 iPad，他看到了餐牌，物理触点就有餐牌，他询问了服务员，服务员就是人形触点。触点与行为要一一对应。

第五行是爽点，即让顾客感到愉快的点，比如菜单图片很漂亮，看起来很好吃，他就很有食欲从而感到愉快；上菜的时候摆盘惊艳，食物也美味，完全符合他的预期，心情则更加愉快；饮料有免费续杯、收到意外的小礼物等都是让人心情愉悦的事。爽点如果不止一个，需按愉悦的程度进行排序。爽点也必须要与行为一一对应。

第六行是痛点，即该步骤或行为让顾客感到不悦、失望、难受、烦躁的点，比如过久的排队、上菜很慢、菜品分量少、餐厅气味不佳等。痛点有不同程度的痛，应该把那些很痛的点排在最前面。如何才能知道哪个痛点比较痛，哪个其实不够痛呢？切记不要猜测，在访问用户的时候问清楚，或者尝试让用户自己排序。有时候我们会疑惑，这也是痛点吗？请记住不要用我们自己的标准去评价用户，而是要倾听用户的声音，与之共情。

第七行是情绪曲线（栏目的位置可以上下调整），按情绪的强烈程度分层级，最愉悦的时刻标记为最高点，最不愉快的时刻标记为最低点,其他情绪按程度的不同标记在最高点和最低点之间,然后将每一个情绪点用样条曲线连接起来。注意每一个情绪点的位置都必须与上面第三行的行为相对应。这样在读取情绪时才能清晰地了解到是什么造成了顾客的情感变化。

为了让旅程图更易于阅读,应该适当地简化文字而非省略内容。如果步骤拆解得足够详细,旅程图会很长、文字信息极多。缩减文字的方法是仅保留关键词,删除掉非必要的修饰语,将句子缩写为短语,分列多段。注意非常重要的一点是:控制住用自己的语言去概括的冲动。因为你的用词可能会偏离用户的原意,产生完全不同的解读,令语境产生变化。

此外,需要对旅程图进行适当的图形化。密集的信息容易使人产生压力,拒绝阅读,而增加图形可以缓解这种压力,更吸引人阅读。因此建议减少文字,多用图标,行为和触点可用图形表达。图 4-7 为火锅店顾客的旅程,行为以风格统一的图标辅以文字表达,图面清晰、简洁且美观。

旅程图的栏目可以根据运用阶段的目标进行调整。图 4-8 为一家蒸汽海鲜店的顾客旅程图设计前后对比,前期的旅程图标注了机会点和痛点,设计后的旅程图删除了上述栏目,且绘制的情绪曲线为设计师预想的情况。图 4-9 作业案例为学生设计的移动健康检测护理服务,仅保留了行为、情绪和触点栏目。记忆速递流动展览服务是学生的毕业设计作品,图 4-10 为该服务面向养老院老人的旅程,由于失智老人的特殊性,其用户行为包括养老院工作人员和老人两部分,情绪体验则为老人的。

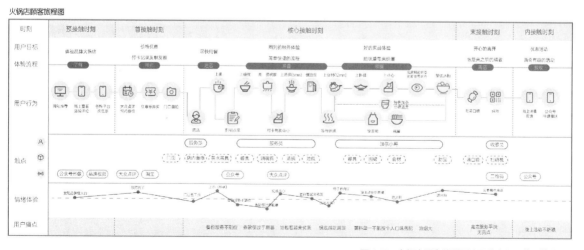

图 4-7 火锅店顾客旅程图(图片来源:徐可等绘制)

服务设计流程与方法

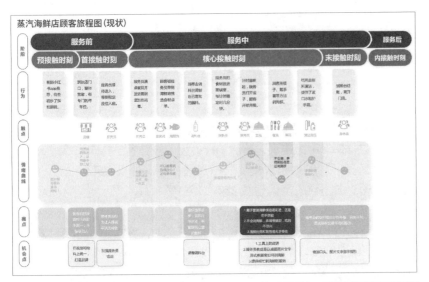

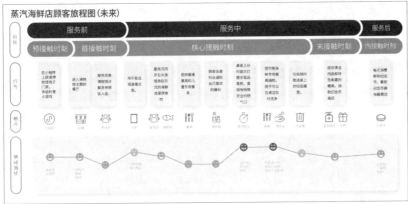

图 4-8
蒸汽海鲜店顾客旅程图设计前后对比
（图片来源：王雨诺等绘制）

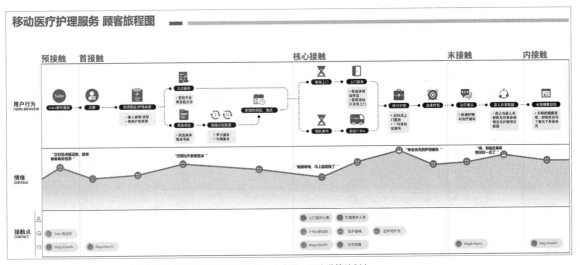

图 4-9 Magic Health 移动医疗服务设计顾客旅程图（图片来源：李志聪、王玫琳等绘制）

[第四章] 服务设计的常用工具

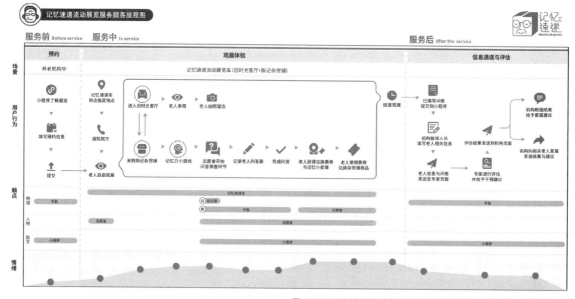

图 4-10 记忆速递流动展览服务顾客旅程图（图片来源：官玥怡绘制）

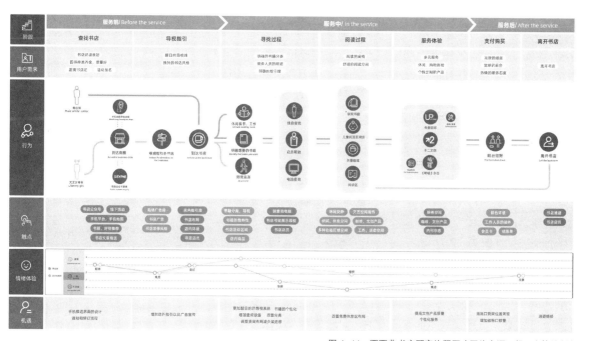

图 4-11 西西弗书店顾客旅程图（图片来源：候一陶等绘制）

图 4-11 的西西弗书店顾客旅程图将两种类型用户的旅程放在了同一张图中，通过颜色区分他们不同的行为和情绪，但需注意他们的需求也会有所不同。

注意事项：

（1）请勿只是因为表格某部分空了而随意填写。很多现有的服务并没有考虑到服务前后与顾客接触的方式，因此这两个部分可能是空白的，这没有关系，就保持空白。这可能是机会，我们之后可以增加新的触点，也可以是把一些接触点前置或者后置。

（2）请勿把几种类型的用户角色的行为合并。每张旅程图对应的应该是一种类型的用户角色，如果混合到一起就会模糊用户的需求和行为特征。比如亲子用户，儿童和家长的行为和需求可能是完全不同的，儿童想吃雪糕，家长不想让孩子吃雪糕，如果把两者的需求或行为合并，就无法进行准确的描述了。

（3）每一个类型的顾客对应的是一张旅程图。尽量避免将不同类型的顾客旅程合并，或把不同类型的用户角色的需求或者痛点写成一样的。当然有些痛点是共通的，但是对不同的用户来说可能程度不一样，比如痛点描述为"服务员不够热情"，对于社恐的用户来说可能就不是很痛。还有找不到地点、洗手间等对新用户是痛点，对常客就不是了。如果不同类型的用户行为是一致的，那只能说明他们实际上是一种类型。

（4）请勿把自己的感受写上去，推断用户也有同样的想法。比如在支付阶段，学生做作业时经常设置为情绪的最低谷，理所当然地认为这样的价格是过于昂贵的，但实际上真实的用户未必这样认为（学生群体对价格更加敏感）。还有排队，可能对于忙碌的人来说是痛点，但对于悠闲的人或者愿意用时间换金钱的用户来说问题不大，不能理所当然地认为所有人都在赶时间。

（5）描述需求或者痛点时用词模糊，不描述客观事实而是描述观点，也会带来问题。比如"服务不好"，没有具体的描述，那到底是哪里不好呢？用户所说的服务具体指代的是什么？是服务态度还是节奏还是性价比？这种模糊的描述使得看图的人会揣测用户的想法，最终可能会偏离真实的情况。

如何讲述旅程图？

旅程图的信息非常丰富，这使得要把它讲清楚并不容易，在我们过去的课程中，常有同学汇报时直接指着PPT说出"这是顾客旅程图"之后便等待观众自行阅读。这肯定达不到好的沟通效果，因为旅程图是专业的过程工具，而非结果，不应作为结果来展示。讲述时应简介用户的行为，然后把情绪曲线的波峰和波谷重点解释一下：哪里用户最满意，哪里最不满意，为什么？这是理解用户的重点，也可能是改进的重点。然后我们还关注到了哪些有意思的现象，它是如何发生的，说明了什么问题。

如何准备访谈提纲?

在去探访门店之前要准备好访谈提纲,当遇到合适的用户就可以在现场进行访谈。现场访谈的好处是用户在环境中不容易遗忘,同时还可以观察到他们对环境、服务的真实反馈,比如表情、肢体语言等。访谈提纲没有统一的格式和内容,它只是一份指引你如何跟用户聊天的问题列表,通常需要根据项目目标进行问题设置。以餐厅为例(表4-1),访谈提纲至少包括三部分内容:第一部分是用户的基本信息(包括一些人口统计学特征,如年龄、性别、职业、文化状况等),目的是对用户有个基本的了解。有些问题可能较为敏感,比如年龄,询问时尽量从不敏感的信息开始,等待合适的时机再试探性地询问较为敏感的问题。如果用户感到介意,则能给出大概的范围也是可以的。具体收集哪些基本信息,需要考虑与项目目标的关联度。过去我们可能会用到一些人口统计学特征来给用户分类,如年龄,但这样的分类过于粗糙,现在则更多使用行为特征来区分人群。第二部分是用户使用服务的动机、频次、对品牌的认知等。动机影响用户的行为,动机和消费频次都可以作为分类的标准。第三部分是用户经历的服务流程和体验。最后记得询问用户还有什么想说的,并且在访谈完成时表示感谢(经费允许的话,赠送礼物)。表4-2为工作人员的访谈提纲范例,通过访问一线的员工既可以获得一些用户的信息,也可以了解前台员工体验和后台存在的问题,所以非常重要。

顾客/目标顾客访谈大纲
使用时间:用户研究阶段
访谈对象:原有顾客(甲方安排),新目标用户(年轻人) 表4-1

问题分类	具体问题	记录
用户的基本情况	你经常出去吃饭吗?多久一次? 一般为了什么出去吃饭? 你对吃有什么要求? 一般人均消费多少?	
动机&认知	你经常来这家店吗?为什么?	
	对品类的看法: ×××是什么?	
	对品牌的看法: 该品牌给你印象最深刻的是什么?	
顾客旅程(针对原有顾客)	回想一下进店之后的整个过程; 觉得哪里好哪里不好?为什么(环境、产品、服务、流程)	
期望	有没有什么建议和想法?	

访谈大纲—工作人员
使用时间：门店走查时完成访谈
访谈对象：店长、店员 表4-2

类型	问题	记录
经营基本情况	门店属性？店开多久了？营业数据？	
顾客体验（了解顾客类型及行为特征）	客流高峰？人数？ 平时和周末有没有什么不同？ 一般都是什么类型的顾客？消费时长？人均消费额？爆款？顾客的需求和行为特征？ 他们怎么评价你们的店？反馈过什么问题？	
员工体验（了解员工的想法）	具体的工作流程 前台经常遇到的问题及原因？ 后台遇到的问题及原因？ 你认为应该怎么做？为什么？ 有什么你认为做得很好的？	
期望	还有什么想法和建议？	

访谈注意事项：

（1）要像聊天一样自然，不要机械地提问。想做到这点必须把问题熟记于心，自如地引导谈话进程，并且当用户偏离主题时要主动把话题拉回正轨。

（2）请勿引导用户。即不要发表自己的观点，不要猜测用户的想法，也不要举例限制用户的想象。避免使用"我觉得""你可能""比如说"这样的句式。忘记自我，忘记你之前对用户的印象，在访谈中保持好奇。

（3）记住你的目的，随时追问：为什么？怎么样？还有吗？这点非常重要，如果只是把访谈当作是任务机械地完成，会因为急于完成而错失很多信息，你根本不想了解对方，那之后也就不可能与用户共情。只有充满对用户观点、体验的好奇才能洞察本质，就像你要跟她/他处对象一样。

（4）给予表情动作的反馈表示你在倾听，但切勿评价，在内心里也不要评价用户。如果你表现出来对她/他的回答并无兴趣，用户很可能就不想多说；而你对用户的评价则会在你的眼神和语气中体现，影响你与她/他共情，同时也影响你的判断。

演练

> 我的店还没有开起来呢，怎么做这个旅程图？

王 Boss

咩咩：我们会选择这个行业里目标用户与你相同的、不同类型的店以及你的竞争对手的店去探访——偷偷地，回来完成这个旅程图。

月读：这样我们就知道普遍存在的问题、用户需求和用户是如何看待咖啡服务的了。

四天后……

月读：我们去探了好多店，包括连锁咖啡品牌如星巴克、M Stand，以及一些小众的咖啡店，其中有一家咖啡店挺特别，是由视障咖啡师提供服务的（图4-12）。

咩咩：这个旅程图可以做得更细一点，现在看到的问题不多。

月读：我感觉用户需求好难挖掘，有时候问来问去他们都只是说要干净卫生什么的。但干净卫生我们又做不了什么。

咩咩：干净卫生是人的基本需求呀。你得会和用户聊天，如果只是简单问两句，那得到的回答肯定比较敷衍。认真访谈、不懈追问才能发掘到深层的需求。另外，这个阶段不着急判断我们能做什么，而是先专注于需求。

月读：好的。还有，我们发现不同类型的顾客评价真的很不一样。有的客人是偶然去到的，根本不知道这家店的特殊之处，以为是出品一般的普通店，都说不会再去；但慕名而来的客人就宽容很多，有交流，体验很好。

咩咩：是的，所以对用户进行准确分类很重要。

服务设计流程与方法

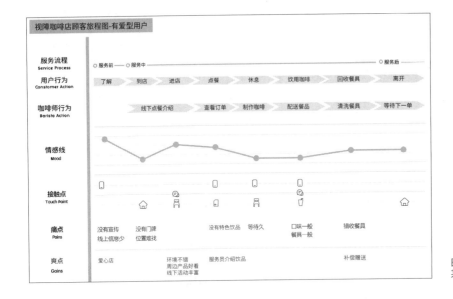

图 4-12
某视障咖啡店顾客旅程图

第二节 定义工具

本节罗列的定义工具是较为常用的工具，可以按顺序使用，也可以根据项目的特点选择使用。

一、用户角色与用户画像

User Profile 也被翻译为用户画像，它是严格意义的用户画像，是通过大量行为数据提炼得到的。用户使用 APP、网站留下的行为痕迹，后台通过算法给行为贴标签，比如"新手妈妈""非主流青年""养生爱好者"之类，然后得到一个由各种标签构成的用户形象。这种用户画像的准确程度与算法关联，且需要一定的数据量。

用户角色 Persona（图 4-13），是另外一种常用于设计阶段的、成本更为低廉的方法。也有人将其翻译成用户画像，因此当人们提到用户画像时，有可能指的是 Persona，需留意它的英文单词和语境。用户角色 Persona 是真实用户的虚拟代表，是建立在一系列真实数据（样本量相对较小）之上的目标用户模型。除了数据量较小外，数据类型也不太一样，其核心是用户的观点，是通过访谈和观察若干用户样本后由设计师演绎出来的、具有典型行为和观点的虚拟人物。

作用：

用户角色可以帮助设计师、服务提供商代入角色，跟用户共情，理解用户的行为和需求，使得讨论和设计过程不会偏离目标。

[第四章] 服务设计的常用工具

图 4-13
用户角色模板

因此建议将其时刻悬挂在项目组的工作空间内，经常检视我们是否偏航。

怎么做？

用户角色的数据获取方式一般是通过用户访谈去了解用户，在一定量的访谈样本基础上，根据用户的目标、行为和观点的差异，将其区分为不同的类型，即不同的用户群体。在每种类型中总结出该类人群的典型特征、行为和需求，用这些信息来构建一个人物，并赋予人物名字、容貌、一些人口统计学特征（如年龄、性别、职业、文化程度等）以及所处服务场景的描述，作为用户模型。图 4-14 为《服务设计流程与方法》课程中学生做的柴犬咖啡服务研究的目标用户角色，按用户对狗狗习性、互动方式等知识的了解程度，将用户分为熟练互动的资深型和幻想互动的云上型，发现这两类用户行为和需求完全不同。图 4-15 为课程作业螺蛳粉餐饮服务设计的目标用户角色，学生按消费频次将用户分为狂热粉、理智粉和潜在粉，希望通过设计进一步提升狂热粉的消费热情，同时减少理智粉和潜在粉的担忧。

必须强调的是，用户角色是若干真实用户合集的映射。为了传达出其真实性、准确感，图像部分应使用其中一位用户的照片代表；如果没有合适的用户照片，可选用较为真实的人物形象照代替（年龄相符，颜值普通，不要选明显的广告图库照片）。在访谈记录中选择最

■ 服务设计流程与方法

图 4-14
柴犬咖啡用户角色
（图片来源：查成柯等绘制）

图 4-15
螺蛳粉餐饮服务用户角色
（图片来源：张汉波等绘制）

[第四章] 服务设计的常用工具

图 4-15
螺蛳粉餐饮服务用户角色（续）
（图片来源：张汉波等绘制）

能凸显这类型用户对该品牌和服务的看法或需求的一句原话，放在用户角色图的醒目位置，文字最大、加粗强化。用户原话非常重要，摘选要精确，不应放一段话以免内容过多、重点模糊；也不应进行修改或提炼，以免偏离原意（图 4-16）。

用户角色的内容模块可以根据不同的项目调整，原则是跟项目目标紧密关联（图 4-17）。图 4-18 为一类特殊的用户角色——失智老人及其家属，基于对家属的访谈构建，因此主要是家属的视角。

注意事项：

（1）用户角色必须基于真实的用户创建，而非虚构人物设定——那是毫无用处的，虚假的人物会让项目走向失败。记住，不是你设想这个人物具有怎样的特质，而是真实的用户具有怎样的、共同的特质。

■ 服务设计流程与方法

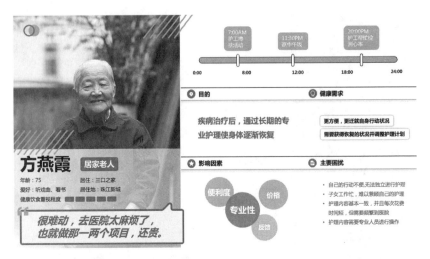

图 4-16
Magic Health 移动医疗服务用户角色
（图片来源：李志聪、王玫琳等绘制）

图 4-17
冰墩墩的移动小窝服务用户角色
（图片来源：何东阳绘制）

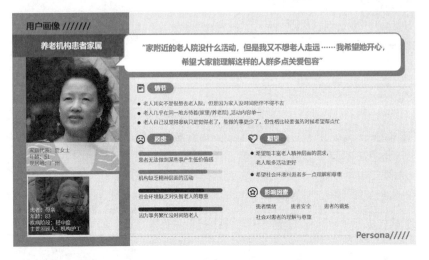

图 4-18
记忆速递流动展览用户角色
（图片来源：官玥怡绘制）

（2）一般有 1~3 个用户角色是比较合适的，多了说明用户类型概括得不够准确，应认真检视是否有些用户角色是重叠的，如果痛点和期望没有大的差别即为同一个类型的用户，应该合并。

（3）不可缺失的模块是动机、痛点和期望，内容应用短语一条条分别列出，并按程度由强到弱排序。

[第四章] 服务设计的常用工具

演练

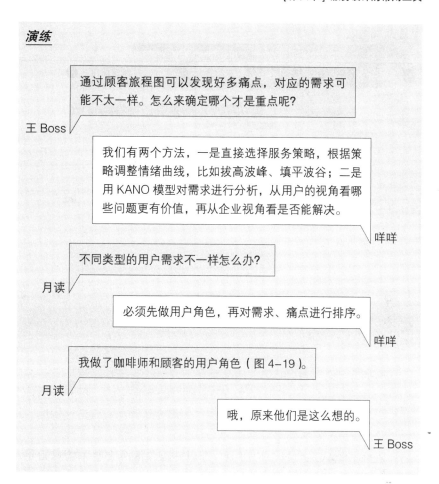

王 Boss：通过顾客旅程图可以发现好多痛点，对应的需求可能不太一样。怎么来确定哪个才是重点呢？

咩咩：我们有两个方法，一是直接选择服务策略，根据策略调整情绪曲线，比如拔高波峰、填平波谷；二是用 KANO 模型对需求进行分析，从用户的视角看哪些问题更有价值，再从企业视角看是否能解决。

月读：不同类型的用户需求不一样怎么办？

咩咩：必须先做用户角色，再对需求、痛点进行排序。

月读：我做了咖啡师和顾客的用户角色（图 4-19）。

王 Boss：哦，原来他们是这么想的。

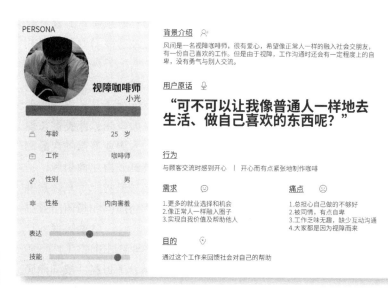

图 4-19 咖啡馆用户角色
（图片来源：蔡豪宗等绘制）

服务设计流程与方法

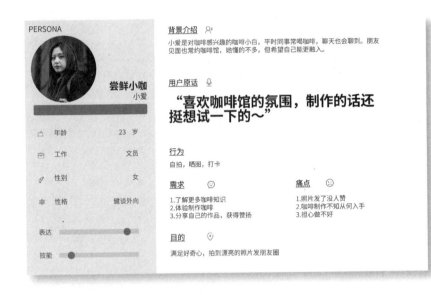

图 4-19
咖啡馆用户角色（续）
（图片来源：蔡豪宗等绘制）

二、KANO 模型

KANO 模型（图 4-20）是东京理工大学教授狩野纪昭（Noriaki Kano）发明的对用户需求分类和优先排序的有用工具，以分析用户需求对用户满意的影响为基础，体现了产品性能和用户满意之间的非线性关系。

根据不同类型的质量特性与顾客满意度之间的关系，狩野教授将产品服务的质量特性分为五类：

必备质量（Must-be Quality/ Basic Quality）：顾客对企业提供的产品或服务因素的基本要求，是顾客认为产品"必须有"的属性或功能。当其特性不充足（不满足顾客需求）时，顾客很不满意；当其特性充足（满足顾客需求）时，顾客也可能不会因而表现出满意，例如餐厅的食品安全。

期望质量（One-dimensional Quality/ Performance Quality）：指顾客的满意状况与需求的满足程度成比例关系的需求，此类需求得到满足或表现良好的话，客户满意度会显著增加，企业提供的产品和服务水平超出顾客期望越多，顾客的满意状况越好。当此类需求得不到满足或表现不好的话，客户的不满也会显著增加。

魅力质量（Attractive Quality/ Excitement Quality）：指不会被顾客过分期望的需求。对于魅力型需求，随着满足顾客期望程度的增加，顾客满意度也会急剧上升，但一旦得到满足，即使表现并不完善，顾客表现出的满意状况也是非常高的。反之，即使在期望不满足

[第四章] 服务设计的常用工具

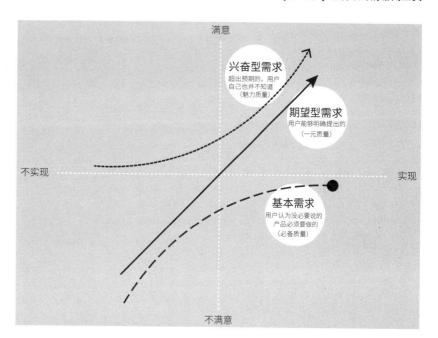

图 4-20
KANO 模型
（图片来源：根据网络修改）

时，顾客也不会因此表现出明显的不满意。

无差异质量（Indifferent Quality/Neutral Quality）：不论提供与否，对用户体验无影响，是质量中既不好也不坏的方面，它们不会导致顾客满意或不满意。

反向质量（Reverse Quality）：指引起强烈不满的质量特性和导致低水平满意的质量特性，因为并非所有的消费者都有相似的喜好。许多用户根本都没有此需求，提供后用户满意度反而会下降，而且提供的程度与用户满意程度成反比。例如冗余的产品功能，低质量的赠品。

KANO 模型分析法主要是通过标准化问卷进行调研，根据调研结果对各因素属性归类，解决产品属性的定位问题，以提高客户满意度。

方法步骤：

（1）从顾客角度认识产品或服务需要；
（2）设计问卷调查表；
（3）实施有效的问卷调查；
（4）将调查结果分类汇总，建立质量原型；
（5）分析质量原型，识别具体测量指标的敏感性。

我们试着借用 KANO 模型来对顾客需求进行分类，筛选出价值相对高的、更需要关注的问题。KANO 模型对问卷和样本量的要求

■ 服务设计流程与方法

基于KANO模型的用户需求定位

```
兴奋型需求                              期望型需求
                    ● 高性价比
    ● 治愈情感        ● 与柴犬快速建立友谊
    ● 专属新奇玩法    ● 环境更有设计感
                    ● 丰富美味的餐饮

                    ● 能够获取店内信息
    ● 与同类店相似服务 ● 环境卫生
     (Wi-Fi、卫生间等) ● 与柴犬互动

无差异需求                              必备型需求
```

图 4-21
柴犬咖啡服务 KANO 模型用户需求定位
(图片来源: 查成柯等绘制)

严格,因此筛选步骤主要是借用其基本原理,而非按其标准流程来操作。图 4-21 为学生在课程作业柴犬咖啡服务研究中使用该模型来进行用户需求的定位。

作用:

共情用户,从用户的视角审视所有痛点和需求,并进行分类,有助于缩小研究范围,筛选出对企业来说更能带来竞争优势的需求点。

怎么做?

(1) 准备一张大纸,绘制或打印出 KANO 模型以及 KANO 模型需求坐标 (图 4-22);

(2) 跟小组成员解释 KANO 模型,直至所有组员都明确其意义,

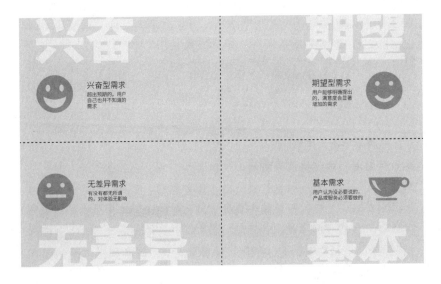

图 4-22
KANO 模型需求坐标

理解每种类型质量的特质；

（3）将所有痛点及需求便签纸移入模型对应的位置，可以一边讨论一边粘贴，或者组员一起粘贴，完成后逐个讨论位置是否适合；

（4）必备质量、魅力质量和期望质量的区域是关注的重点，并且有着不同的目标；

（5）小组成员共同投票选出将要聚焦的一个或几个问题。

注意事项：

需要强调的是 KANO 模型本身并不是用于筛选的，在此为借用。模型的核心是寻找产品及服务要素和用户满意度之间的关系，因此当我们使用它来筛选的时候一定要时刻与用户共情，完全从用户的视角去放置方案。

讨论

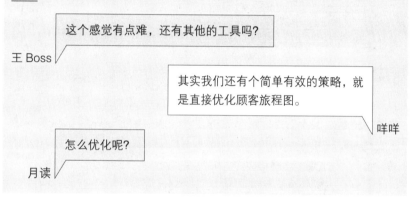

三、峰终理论

通过优化顾客旅程图的情绪曲线来确定项目关注的主要问题以及解决的方向。顾客旅程图中的情绪曲线凸显出顾客在整个旅程中体验感受的变化，那么怎样的情绪曲线才是好的呢？有没有最好的情绪曲线形态呢？可能有。这里我们要用到一个心理学的理论——峰终定律（图 4-23 左）。人们会记住旅程中峰值和终点的体验，这就是峰终定律。

心理学家通过实验发现人们在评判一段体验的时候，会容易忘记或忽略这段体验持续时间的长短——这种现象被称为"时长忽略"。因此当人们回想一段旅程时，他们往往只记得那些让他们印象最深刻的体验，也就是他们情绪处于最高的波峰或最低的波谷的时刻，并倾向于用这一段体验来评价整个旅程，尽管其持续的时间极短，可能只

■ 服务设计流程与方法

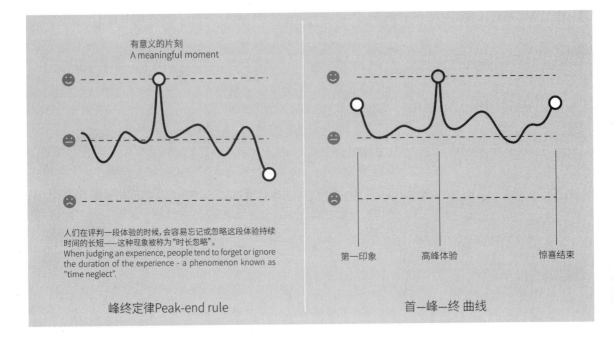

图 4-23 峰终定律及情绪曲线优化

占整个旅程的百分之一都不到。回想一下，我们是否更容易记住那些非常快乐或非常难堪的事，而平淡的日常则较难记住？有研究发现，去游乐场游玩的人们虽然排队花掉很多时间，但评价时回想起来的仍是坐过山车时短暂刺激的感受，因而也更倾向于对整个旅程给出较好的评价。

此外，人们还会记住旅程结束的时刻，即旅程的终点，如果终点的体验很好，则会给整个旅程更正向的评价。由于用户会带着终点的印象离开，因此"如果最后一个触点是完美的，人们就会记住你一辈子"。迪士尼乐园的终点是纪念品商店，商店内货架的位置和陈设都是经过精心设计的，为了确保客人在离开时留下持续而美好的印象。有的酒店除了赠送入住礼物营造良好初印象外，还会在客人退房离开时赠送离店礼物，非常有惊喜感。

从理论上来说，依据峰终定律，一个获得顾客正向评价的、记忆深刻的美好旅程，其用户的情绪曲线必然有一个最高的、陡峭的波峰和愉悦的、向上翘起的终点。因此顾客旅程图中的情绪曲线优化方向应该是：①设计一个虽然短暂但令人印象深刻、可以作为话题传播的体验高峰；②在服务结束的最后触点准备一点小惊喜；③塑造一个美好的第一印象——第一印象是如此重要，它影响着后面所有的体验；最终形成一条首—峰—终曲线（图 4-23 右）。对于改进现有的服务，可以把原有的波峰拔高，让原来令顾客愉悦的体验更加强烈；对于构建新的服务，可以参考《行为设计学》的理论，在某些步骤采用形成峰值体验的方法进行设计，比如增强感官享受、颠覆认知、挑战和荣耀、建立连接等。

怎么做？

（1）检视顾客旅程图，寻找有机会塑造体验峰值的阶段和行为，标记出来，通常是那些我们获得较多信息的阶段，但也有可能是完全空白的阶段；

（2）梳理该阶段和行为存在的痛点，分析造成这些痛点的根本原因和本质问题，将其以提问的句式列出，如：如何提高沟通效率？如何在不增加人手的情况下减少等待时间？

（3）排序，从最重要的问题开始解决。

演练

王 Boss：这个旅程图最大的问题是没有峰值体验，总体很平淡，开头就已经是最高点了。

月读：是的，就是开始了解的时候很期待，后面感觉是还不错，确实没有很惊喜的点。

咩咩：那我们先来调整旅程图的情绪曲线（图 4-24）吧！

王 Boss：接下来应该想怎么解决问题了吧？

咩咩：是的，准备头脑风暴吧！

四、头脑风暴

头脑风暴法（Brainstorming）又称智力激励法，是由美国创造学家 A·F·奥斯本于 1939 年首次提出、1953 年正式发表的一种激发性思维的方法。此法经各国创造学研究者的实践和发展，已经形成了一个发明技法群，如奥斯本智力激励法、默写式智力激励法、卡片式智力激励法等。本书仅介绍我们在过往项目中常用的头脑风暴流

▎服务设计流程与方法

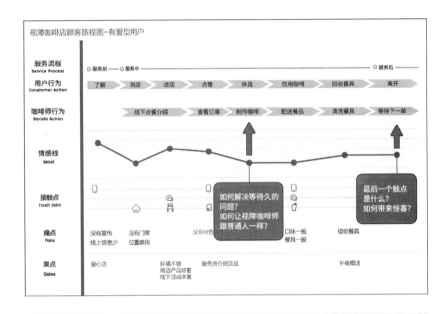

图 4-24
调整旅程图情绪曲线

程。图 4-25 为《产品服务系统设计》课程中学生研究的移动补妆课题，在线上共创工作坊时做的头脑风暴得到的方案集合，当时分为两个小组，关注的问题略有不同。

作用：
打开思路，激发创意，为问题寻找合适的解决方案。
怎么做？
（1）准备一张大的白纸或白板，将要讨论的问题写在最上方，如如何减少等待时间？如何增加顾客粘性？如何缓解某个痛点？每个问题使用一张纸。准备一个计时器，选一位组员负责计时；选一位组长负责主持。

（2）发给小组成员每人若干张便签纸，一支粗头油性笔或白板笔。

（3）围绕问题开始思考，时间 3~10 分钟，每人独立思考，不讨论。

（4）快速把想到的方案用短语写在便签纸上，一张纸写一条；文字要大，保证站在较远处也能够看清楚。

（5）尽可能多写，不必担心自己的想法不够好或不够成熟。

（6）开始第一轮分享，小组成员依次进行分享，一边讲述一边把便签纸贴在大白纸或白板上，其他组员注意听并表示赞赏。

（7）所有组员分享完毕后，不进行评价，开始第二轮。

（8）一般要进行 3 轮以上，如果小组成员不熟练可能要更多轮，直至产出数量足够多的方案为止。

[第四章] 服务设计的常用工具

图 4-25
头脑风暴问题卡
（图片来源：苏佳瑶等绘制）

（9）展开讨论，使用筛选工具进行方案筛选。注意，筛选工具可能需要根据项目特点进行选择、设计。

注意事项：

头脑风暴是一种创新训练，练习得越多思维会越敏捷，也就越能够快速产生创意，因此不要惧怕思考以及思考之后的疲惫，每个组员都应全心全意地、积极地投入讨论中去。组长的职责是推进环节和活跃气氛，即鼓励每位组员思考，支持他们表达，但是不能够在过程中对方案发表评判。

批评是绝对禁止的。每位组员对于他人提出的方案，只能给出"很好""这个想法太棒了""有趣"等表示赞赏的反馈；而不能给出"不行""不切实际""可能性太低""你没有考虑××的情况……"等表示否定的反馈，因为这样会遏制人的创意、破坏产生创意的氛围。

每个组员都可以在他人的方案基础上加以改良作为新一轮的点子，因此每个人在头脑风暴中都会有所贡献，激发别人或者被别人激发。最终无论选择哪个方案都是集体创意的成果，而非只属于某一组员。

思考过程中禁止讨论，以免相互影响，致使想法趋同。

讨论

月读：头脑风暴的时候没想法怎么办？很尬啊！

咩咩：第一，平时要注意多看各种相关或不相关的服务、产品、营销案例，甚至各种展览、艺术作品、社会事件等，丰富自己的库存。寻找解决方案的过程其实是展开联想的过程，头脑中不断地将各种素材尝试以各种方式结合起来，所以要多积累素材。第二，多训练，熟能生巧。

月读：没有辅助工具吗？

咩咩：有卡片刺激法，即用卡片刺激联想，但素材积累和练习还是必不可少的。

五、DVF 筛选

筛选方案是真正困难的步骤，如何选出那些最有价值的、最有机会的、最适合企业发展的方案需要经验和好用的工具。DVF 筛选法（图 4-26）是一种从用户、商业和技术三个维度进行筛选的方法，它有三个轴向，D 代表 Desirable，指用户合意性，即解决方案对于用户来说需要程度、满意程度、喜爱程度、创新程度的高低。这个选择可以由用户代表来做，也可以由设计师共情用户来完成，必须时刻谨记保持用户视角。V 代表 Viable，指可行性，项目能独立存在、发展的可能。如果是商业项目，则指在商业上的可持续程度、可发展程度、可区隔程度的高低，用户是否愿意为该方案支付费用；如果是非

[第四章] 服务设计的常用工具

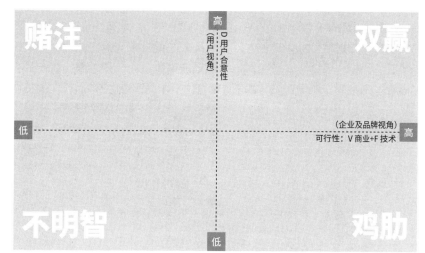

图 4-26
DVF 筛选法
（图片来源：根据桥中资料修改）

商业项目，则指资金来源及各种资源的投入是否具有持续性。F 代表 Feasible，指可实现性，主要考虑方案在技术上、运营上可实现程度的高低。

作用：

筛选出用户喜欢的、商业和技术都可行的概念方案。

怎么做？

（1）准备一张大纸，将 D 轴和 VF 轴绘制在纸上；

（2）先由用户代表将所有方案放置在 D 轴上，区分出高低即可；

（3）再由企业决策部门、运营部门和技术部门共同讨论决定其商业及技术可行性，向左或向右移动各个方案；

（4）投票选择

显然那些处于第一象限的方案是最佳选择，因此该区域为双赢区，用户和企业都能获益，可以毫不犹豫地选择它；处于第二象限的方案虽然用户很喜欢，但是商业和技术可行性存在较大挑战，可能遭遇失败，因此选择它是一种赌注，可以尝试；选择第三象限则是不明智，用户既不喜欢，商业和技术又不太可行；第四象限具有很高的可行性，但用户并不是很喜欢，这的确让人难以理解：用户不喜欢的话如何能有较高的商业可行性呢？或许就像是那些弹窗广告吧。此外，商业和技术可行性实际上是两个轴向，只是为了绘制简便合二为一，它们具有非常不同的专业知识，应该交给专业人士来判断。例如，共享单车的技术可行性很高，但商业可行性存在问题，因此该业务板块总是在亏损；猎鹰火箭回收的商业可行性很高，技术可行性不高，马斯克失败了 18 次差点破产才获得成功。

最终的方案选择还必须结合企业的实际情况，尤其是企业的能力、长期目标、短期目标。企业必须拥有或者建设出某些能力才能执行某些服务行为，否则无法长久，也不能形成竞争力。例如，廉价航空公司为了满足用户对低廉价格的需求，除机票价格不包含与通行无关的服务（餐饮、行李）外，还必须尽量压缩成本，采用的手段包括在城郊甚至是卫星城自建机场、运营城际机场巴士、超前预定折扣等。

讨论

> 这么看来虽然是选择服务方案，但也有可能涉及商业模式了。

王 Boss

> 是的，所以说决策层必须参与到设计中来。

咩咩

六、价值主张画布

价值主张画布用于设计产品或服务的价值主张，它在商业模式设计的方法论中，有其调研、使用及评价的方法。我们将它抽出来放入服务设计的流程中，用于梳理前期调研得到的各种痛点、问题和用户需求，并描述服务的价值及特征。

过去企业关注的是如何把自己认同的价值通过品牌或产品或服务传递（实际上是推销）给顾客，他们的关注点在自身而非顾客的真实想法，但随着竞争的日趋激烈，这种方式创造的价值将越来越低。在服务设计的观点里，价值是企业和顾客共同创造的，价值主张描述的是顾客从企业的产品和服务中所期望得到的收益。也就是说企业提供的产品或服务为用户解决了什么问题？满足用户什么样的需求？

将商业模式画布中的价值主张模块和客户群体模块抽出来，组成一个独立的工具——价值主张画布（图4-27），它是商业模式画布的核心：没有好的价值主张就不可能有好的商业模式。

价值主张画布的左侧是价值图，描述如何为顾客创造价值，右侧是客户概况，描述的是顾客的类型和需求。中间的箭头表示当两者相吻合时，实现的状态叫"契合"，即你的价值主张能够吸引用户，正是目标顾客所需要的。当我们阅读或者描述价值主张画布时，应当从右边往左进行，先明确用户需求再描述服务的内容。

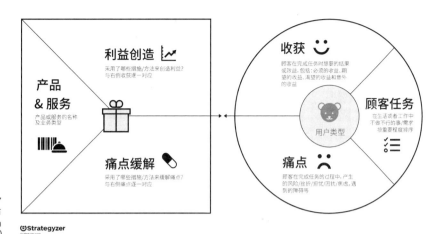

图 4-27
价值主张画布
（图片来源：根据 strategyzer.com 修改）

图 4-28 是简化的 AirB&B 的价值主张画布及其绘制步骤，表述非常简单，仅用于说明内容应当如何填写。但在实际业务过程中，内容应当在表述清晰的情况下尽量简洁。

作用：

描述企业提供什么产品或服务，以及通过何种方式、为哪一类的用户解决哪些问题或提供什么利益。价值主张画布的作用就是帮助我们思考如何为顾客创造价值。

怎么做？

（1）打印价值主张画布模版，先将用户类型贴在右侧圆圈中心；

（2）根据用户调研或共创工作坊的结果，将顾客日常生活中比较重要的、与主题相关的任务选 1~3 条分别写在便签纸上，如工作、晋升、压力释放等非做不可的事，按重要程度排序，贴到任务栏；

（3）将旅程图中的痛点按疼痛程度排序，贴于痛点栏；

（4）根据痛点栏的内容，思考通过何种措施来缓解或消除这一痛点，写在便签纸上，并按顺序对应粘贴；

（5）将用户在做此事时目的、期望的收获一条一条分别写在便签纸上，或选取旅程图中的爽点，按程度排序并贴于收获栏；

（6）根据收获栏的内容，思考通过何种措施来创造这一利益，写在便签纸上，并按顺序对应粘贴；

（7）概括产品或服务的名称及类型，填写在最左侧的名称栏。

注意事项：

当目标顾客多于一种类型时，每一个细分客户都应有与之相对应的价值主张。顾客任务应为顾客不得不做的事，不做会影响生活的事，例如吃火锅不是任务，吃饭才是。这将帮助我们了解服务是否真

■ 服务设计流程与方法

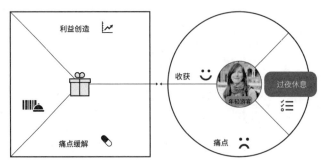

步骤（a）填写用户类型及任务

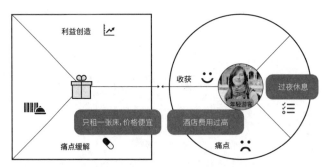

步骤（b）描述用户痛点及选择对应的缓解措施

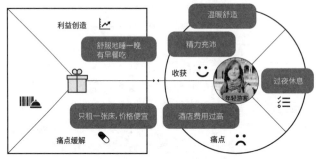

步骤（c）描述用户期望的收获及对应的创造该收获的手段

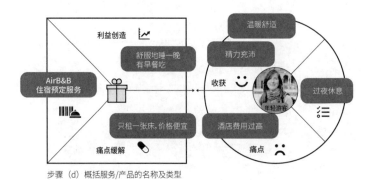

步骤（d）概括服务/产品的名称及类型

图 4-28
简化的 AirB&B 的价值主张画布及绘制步骤

的有价值。

图 4-29 为 PSSD 课程中学生设计的助眠产品服务系统"眠羊"的价值主张画布。用户是有睡眠问题的深夜手机党,这类用户最大的痛点就是意志力薄弱,无法抗拒手机的诱惑,并因此产生睡眠焦虑问题。设计通过 APP 监督和激励用户放下手机,并辅以具有一定助眠作用的产品来缓解焦虑,其痛点和止痛药是一一对应的。图 4-30 是该课程中另一小组设计的"博物集"市集策划运营平台面向市集摊主的价值主张画布。

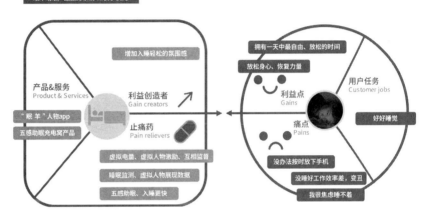

图 4-29
"眠羊"产品服务系统价值主张画布
(图片来源:谭婉婷等绘制)

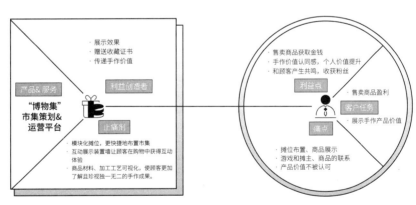

图 4-30
"博物集"市集策划运营平台价值主张画布
(图片来源:顾佳玥等绘制)

演练

> 有独特的价值主张,顾客才会记住你。

咩咩

服务设计流程与方法

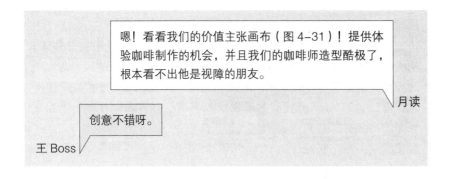

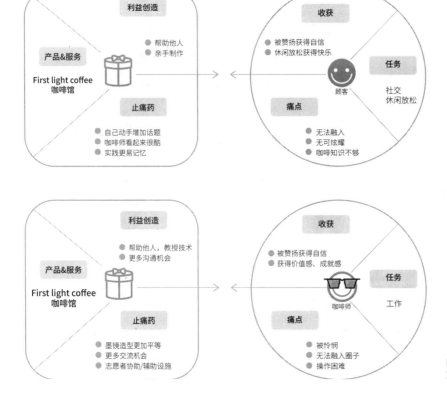

图 4-31
第一束光咖啡馆价值主张画布

七、商业模式画布

商业模式画布（图 4-32）是亚历山大·奥斯特瓦德（Alexander Osterwalder）、伊夫·皮尼厄（Yves Pigneur）在《商业模式新生代》（Business Model Generation）一书中提出的一种用来描述商业模式、可视化商业模式、评估商业模式以及改变商业模式的分析工具。商业模式简单来说是企业创造价值、传递价值、获取价值的方式，它

[第四章] 服务设计的常用工具

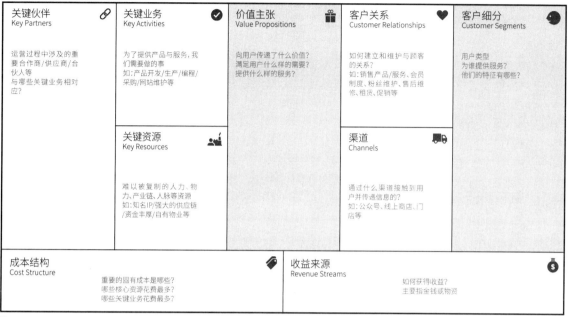

图 4-32　商业模式画布模板（图片来源：根据 strategyzer.com 资料修改）

不仅包含了整个企业的盈利模式，还包含了对产品如何进行成本控制。商业模式画布将商业模式划分为 4 个视角、9 个模块。

4 个视角：我们为哪类人群提供服务或产品？（Who）、我们具体提供什么服务或产品？（What）、我们要怎么提供服务或产品？（How）、我们要怎么通过这些服务或产品赚钱？（Money）。

作用：

商业模式画布最主要的作用是让企业了解自身的优势、劣势、资源和能力，从而对自身的需求和目标有更清晰的认知，在此基础上才能进行更有效的沟通。另外，它也能作为创新的工具，帮助企业创造出强大的新商业模式。

通过商业模式画布，我们可以清晰地看到企业是否有足够的能力和资源来实现愿景，是否正在朝着正确的方向建设和发展，是否有阻拦我们前进的问题存在。

怎么做？

（1）打印出商业模式画布，或将商业模式画布的内容转化为一系列的问题，通过工作坊或者访谈的方式与企业一起回答每一个模块的内容，并用一些短句或关键词概括。问卷可以在共创工作坊中完成，也可以提前将问卷发给客户填写。

（2）填写每个模块的内容。比如"客户群体"，描述的是企业服务的是哪个细分市场的用户，他们具有怎样的特征和偏好？回答这个问题之前应该要做一些用户调研，根据调研的结果来构建典型的用户角色模型，描述用户群体。所以实际上这个部分就是概括的用户角色或用户画像的内容。关键资源是指那些难以被复制的、用来构成核心竞争力的资源，可能是充沛的资金、资产；也可能是某些具有特定能力和声望的人；或是强大的能力，如产品开发、供应链管理等。

与企业共同完成的商业模式画布可以简化，因为越详细花费的时间将越多，在工作坊中可能会让人感觉疲惫。

（3）完成商业模式画布后，我们可以通过一些提问开始分析和思考如何优化（这些问题被罗列到对应的模块中），或是把画布稍微放一放，带着这些问题去进行调研，之后再回答。

注意事项：

关键资源一定是对于企业来说能够形成竞争门槛的资源，比如资金、物业、知识产权、技术、杰出的智力资源、人脉、权力等；又或者是能够吸引顾客的资源，比如创始人是名人、祖传秘方、渠道优势。下面举一些不能成为关键资源的例子：市场大但并非独有；外观专利，容易被复制且维权成本高；人才，你的程序员非常优秀但是流动性大；设备，你购买了一套先进的设备用于生产，但竞争对手也可以买；有些企业有IP形象，但是没有知名度，不能为其带来顾客或者维护客户关系。

客户细分要完整。服务面对不同类型的顾客群体是很常见的，越是细分的市场越是要描述准确，并且要和价值主张一一对应。比如淘宝面向买家的价值主张是提供更多的选择，而面向卖家则是让产品接触到更多的潜在顾客；所以他们的客户关系也不同，和买家是中介关系，和卖家则更像是合作伙伴。

作业案例（图4-33）为一种类似放置在商场的KTV音乐盒子的化妆间，其核心资源为较理想化的假设。作为练习，商业模式画布能加深学生对商业的理解，对成本和收益的认知。图4-34为某手工鞋品牌的商业模式画布，学生通过对其门店的观察以及对顾客、店员和店长的深度访谈后总结得出，从该画布可见其价值主张的独特性和关键资源的门槛都不够强，需要进一步提升。

[第四章] 服务设计的常用工具

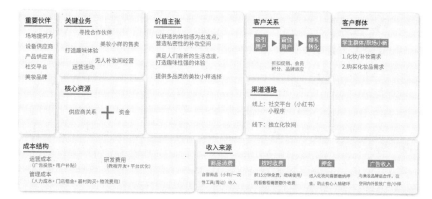

图 4-33
移动化妆间服务系统商业模式画布
（图片来源：苏佳瑶等绘制）

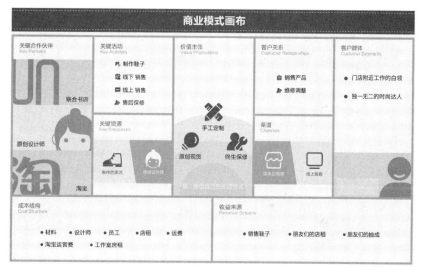

图 4-34
某手工鞋定制服务商业模式画布
（图片来源：王玫琳、李志聪等绘制）

讨论

王 Boss：这么说来，我好像没有关键资源……

咩咩：听起来有点难以接受，但确实有很多企业都没有关键资源，所以危机四伏。如何获得关键资源是关乎企业生存发展的问题。要知道，服务真的非常容易拷贝，所以只做顾客体验是不够的。

王 Boss：这个容我回去想想，先继续。

- 087 -

八、电梯法则

"麦肯锡30秒电梯理论"来源于麦肯锡公司一次沉痛的教训。该公司曾经为一家重要的大客户做咨询。咨询结束的时候,麦肯锡的项目负责人在电梯间里遇见了对方的董事长,该董事长问麦肯锡的项目负责人:"你能不能说一下结果呢?"由于该项目负责人没有准备,而且即使有准备,也无法在电梯从30层到1层的30秒钟内把结果说清楚。最终,麦肯锡失去了这一重要客户。从此,麦肯锡要求公司员工凡事要在最短的时间内把结果表达清楚,凡事要直奔主题、直奔结果。电梯法则要求在表达前要思考三个问题:你最想让对方知道什么?对方最想知道什么?怎么说对对方最有利?

服务设计项目中,我们常用电梯法则来概括和表达服务的价值主张,基本句式为图4-35所示。

作用:用极具吸引力的方式简明扼要地描述价值主张。

怎么做?

逐项填写用户类型、痛点、解决方案和竞争对手存在的问题或者实现手段的不同,最终组织成一句话,说明我们的服务将如何为顾客解决问题或提供什么价值。注意用词要在准确的基础上精简。

作业案例图4-36体现了三种利益相关者的需求和满足方式,图4-37则只有一种类型的用户,但它们的结构都是一样的。

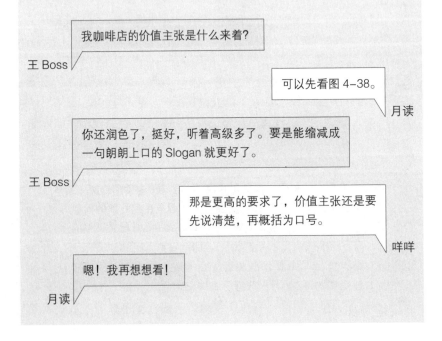

[第四章] 服务设计的常用工具

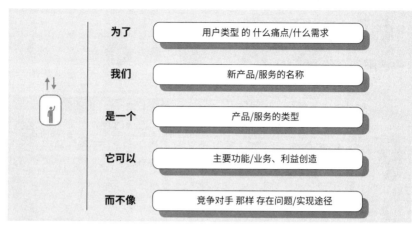

图 4-35
电梯法则模板
（图片来源：根据网络资料修改）

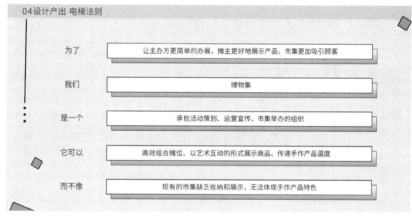

图 4-36
"博物集"市集策划运营平台电梯法则
（图片来源：顾佳玥等绘制）

图 4-37
移动化妆间服务系统电梯法则
（图片来源：苏佳瑶、潘佳琪等绘制）

图 4-38
第一束光咖啡馆电梯法则

第三节 发展工具

一、服务系统图

系统图与商业模式画布有点相似，它描述的是服务系统的基本结构和内外部信息、资金、物质之间的流动关系，可以说是一个更为视觉化的商业模式画布。在构建系统图之前，你必须对商业或服务的运作有清晰的理解。系统图可以体现利益相关者之间是如何协作的，关系如何，连接是否稳固（图4-39、图4-40）。

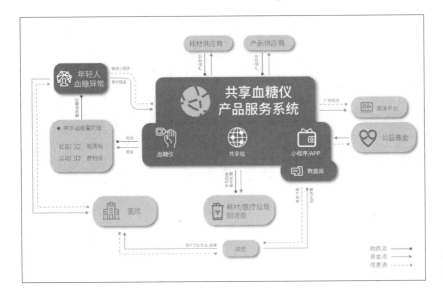

图 4-39
共享血糖仪服务系统图
（图片来源：汪晨曦等绘制）

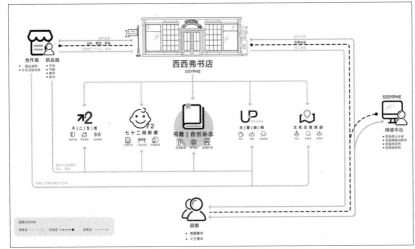

图 4-40
西西弗书店系统图
（图片来源：侯一陶等绘制）

系统图最主要的作用还是沟通，当我们一起看系统图时，能够快速地理解：服务由谁提供？如何运作？有哪些企业和组织参与？他们之间的关系如何？服务的主要功能是什么？实现这些功能需要哪些人和组织参与？

图 4-41 为简化的餐饮服务系统图。先来读图，该系统图分为四个主要部分，中间大圆圈是提供餐饮服务的主体以及它内部不同功能的子系统，比如该餐厅有接待顾客的门店、负责备餐的中央厨房、负责物料的采购部以及线上的功能。这一部分与商业模式画布中的关键活动相对应。

视具体情况子系统可以进一步展开，一般会包含内部的各个利益相关者，由他们完成子系统的功能，比如服务于门店的团队有店长、服务员、收银员等，进一步细化颗粒度则可以看到他们不同的职能以及如何协作。图下方的主体是顾客，对应商业模式画布中的客户细分。右下方是外卖平台如美团、饿了么，餐厅通过它获取订单并进行配送，所以他们之间有物质流、信息流和资金流。图左侧虚线框内是各种供应商，他们性质相近因而框在一起，对应的是商业模式画布中的关键合作伙伴，餐厅购买他们的物资和服务。成本和收益从资金流可以体现。信息流体现的是信息渠道。

系统图有多种形式，只要表达清楚主体和主体之间的关系即可，颗粒度大小根据项目需求的不同会有所不同。比如探讨服务及商业模式差异的系统图，其颗粒度会比较大，不需要太多细节；而探讨具体服务内容差异的图，则需根据实际情况展开子系统，增加细节，但是总体结构都是相似的。图 4-42 以上述餐饮服务为例，简单展示了系统图的绘制步骤。

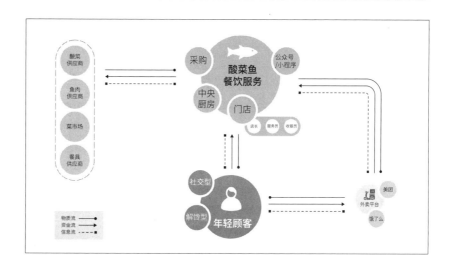

图 4-41
简化的餐饮服务系统图

服务设计流程与方法

步骤(a)放置用户类型、服务主体名称和功能/业务子系统

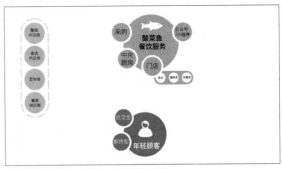
步骤(b)根据需要展开子系统,列出主要供应商

步骤(c)列出其他利益相关者

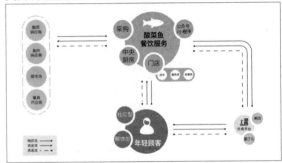
步骤(d)绘制图例,标注各个组织间的物质流、资金流、信息流

图 4-42
系统图绘制步骤

　　图4-43是作业案例,为在大二开设的限选课程《服务设计流程与方法》中学生绘制的系统图,是针对现有某柴犬咖啡屋服务进行调研分析后设想的改进系统,结构表达清晰,构图活泼易阅读;图4-44为该生在大三产品服务系统设计课程的作业,服务主体更大、更加突出,图面较为简洁。注意系统图中服务的主体一般位于中心,图标更大,要更强调一些(图4-45、图4-46),利益相关者较多时,类型相同的放在一起。

演练

王Boss：这个系统图还挺清楚的,我基本看懂了(图4-47)。但是,这图有什么用处呢？

咩咩：主要用于跟你还有整个项目组成员的沟通。现在我们都基本理解了商业模式,也知道这个系统有哪些部分组成,有哪些主要业务,物资资金如何流转等。

[第四章] 服务设计的常用工具

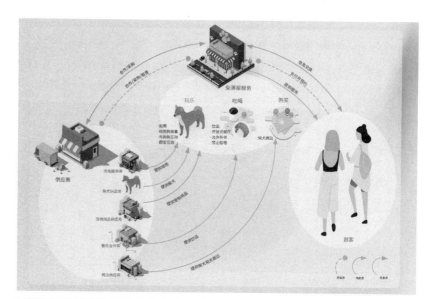

图 4-43
柴犬咖啡屋服务系统图
（图片来源：查成柯等绘制）

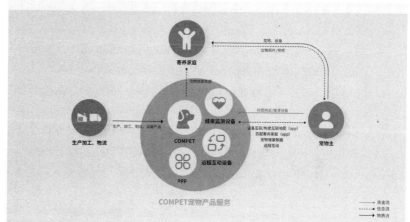

图 4-44
COMPET 宠物产品服务系统图
（图片来源：查成柯等绘制）

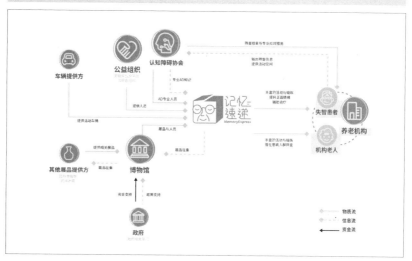

图 4-45
记忆速递流动展览服务系统图
（图片来源：官玥怡绘制）

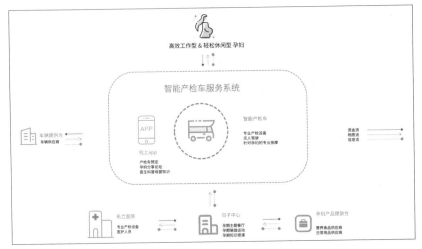

图 4-46
智能产检车服务系统图
（图片来源：林尚君等绘制）

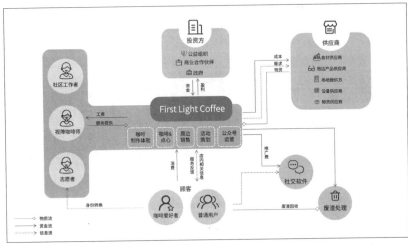

图 4-47
第一束光咖啡馆系统图

二、用户体验地图

用户体验地图（User Experience Map）（图 4-48）跟顾客旅程图（Customer Journey Map）字面上的意思非常相似，甚至很多案例中二者的名称都是混淆的，因此认为也有可能只是一种翻译上的差异，并无本质差别。但如果必须要区分二者，我们认为主要的差别在于：用户体验地图是以一种相对自由的形式来描述整个服务流程的各个阶段，以及该过程中用户的主要行为、核心触点和情绪体验。与顾客旅程图相比，它的结构更自由、内容更精简、更图形化，并且可以同时描述多个用户的行为和体验，包括服务提供者的行为。

以一家餐厅为例（图 4-49）说明用户体验地图的基本形式及作图步骤。首先选择最主要的用户类型——年轻人，放置其代表图标在

[第四章] 服务设计的常用工具

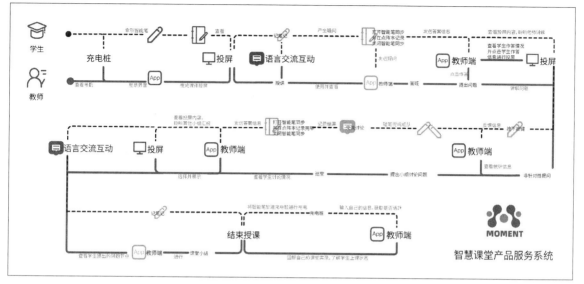

图 4-48　智慧课堂产品服务系统用户体验地图（图片来源：杨沛丹等绘制）

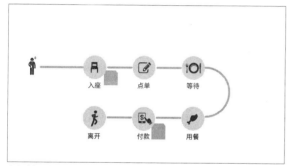

步骤（a）列出主要用户的流程

步骤（b）补充其他用户的流程

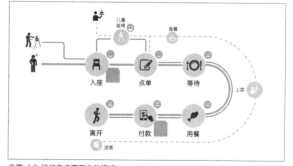

步骤（c）补充服务提供者的行为

步骤（d）标记各步骤用户的情绪

图 4-49　用户体验地图作图步骤

- 095 -

服务设计流程与方法

旅程起点；然后画一条线作为主要的时间轴线，在线上平均分布若干圆圈，每一个圆圈内填写一个该用户的主要步骤或行为；圆圈外可罗列若干条更详细的步骤或者重要的触点又或者是痛点。其次，增加一个用户类型——亲子用户，放置其代表图标在旅程起点。她需要儿童座椅，在入座之后增加一个圆圈填写她的行为——询问儿童座椅，其他的流程跟原有的用户一致。用另外一种颜色或线形的线连接该类型用户的所有行为。再次，增加一个服务提供者的角色——服务生，他们的起点位置与顾客不同，行为有响应用户对儿童座椅的询问、帮助点单和出餐，以及在最后送客人离开。最后，连接该角色的所有行为。

用户体验地图的形式比较自由，构成要素可根据需要调整，图4-50为某柴犬咖啡屋的新用户体验地图，其情绪曲线跟流程结合在一起，整体结构与顾客旅程图更相似。可见图的形式并不是固定才好，而是要找最合适的表达。图4-51为某古村更新的旅游服务设计，其体验时间较长、环节较多、选项丰富，用户体验地图可以更完

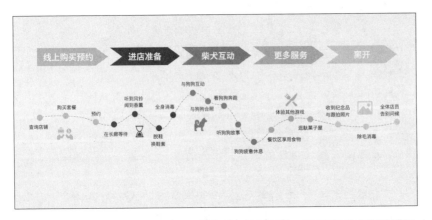

图 4-50
某柴犬咖啡屋用户体验地图
（图片来源：查成柯等绘制）

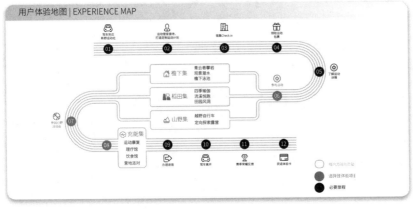

图 4-51
心野运动舍用户体验地图
（图片来源：覃奇峰、苏洁等绘制）

[第四章] 服务设计的常用工具

整、更一览无遗地表达出来，同时还可放大核心体验，让主次更分明。图4-52星巴克用户体验地图和图4-53美貌补给站移动化妆间服务都用了大量图形素材，阅读很轻松。图4-54移动医疗服务和图4-55西关声探旅游服务为非线性的用户体验地图，流程中有可供选择和循环的步骤。图4-56为考拉迷你仓服务设计前后的对比，可以明显看到现有服务完全依靠客服，效率低、体验差，而改进后由小程序提供更多的自助服务。

作用：描述整个服务的流程及主要参与者之间的互动和体验。

怎么做？

（1）准备一张大的白纸；

（2）在便签纸上写出最主要的用户使用服务的阶段，以及每个阶段的主要步骤，每个步骤写一张便签，字号大；

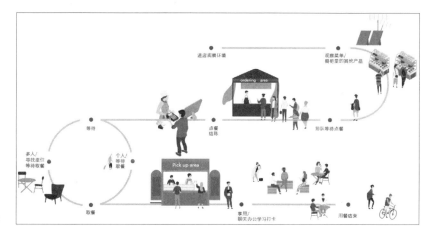

图 4-52
星巴克用户体验地图
（图片来源：胡俊杰等绘制）

图 4-53
美貌补给站服务用户体验地图
（图片来源：苏佳瑶、潘佳琪等绘制）

- 097 -

服务设计流程与方法

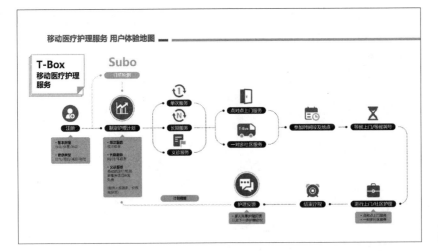

图 4-54
Magic Health 移动医疗服务用户体验地图
（图片来源：李志聪、王玫琳等绘制）

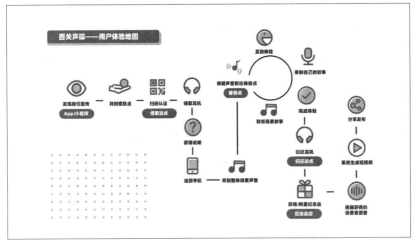

图 4-55
西关声探旅游服务用户体验地图
（图片来源：杨韫意、陈靓宇等绘制）

（3）按顺序贴在大白纸上，用粗线连接起来，如果太长可以转弯；

（4）将其他用户及工作人员的步骤写在便签纸上，贴在主线旁合适的位置；

（5）将每个参与者的步骤用一种颜色的线连接起来；

（6）调整位置直至所有线条都不会交叉，构图均衡；

（7）进一步丰富体验地图，将子步骤、重要触点、注释写在另一种颜色的便签纸上，字号小一些，贴在大步骤旁合适的位置；

（8）将代表用户情绪的表情贴在每个步骤旁。

注意事项：

用户体验地图可以包含共同使用服务的不同类型的用户以及提供服务的工作人员的行为，因此其结构可能较为复杂，多于一条路径，

[第四章] 服务设计的常用工具

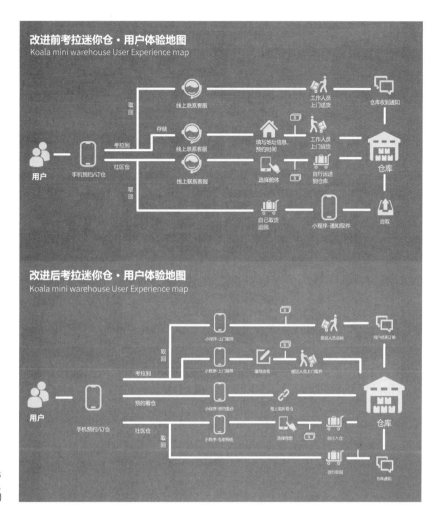

图 4-56
考拉迷你仓用户体验地图前后对比
（图片来源：朱世怡等绘制）

并且不同用户可能在不同节点加入进来，或者跳过某一步骤。如何通过图形把这些次序表达清楚是最重要的。应以某一类型用户为主线，再加入其他参与者的路线。

演练

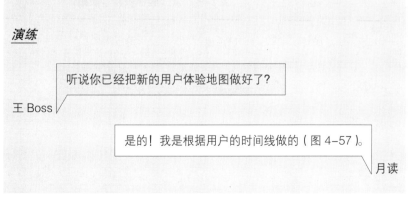

- 099 -

服务设计流程与方法

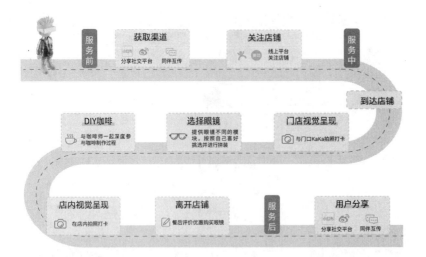

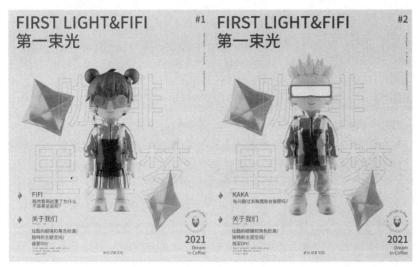

图 4-57
第一束光咖啡馆用户体验地图

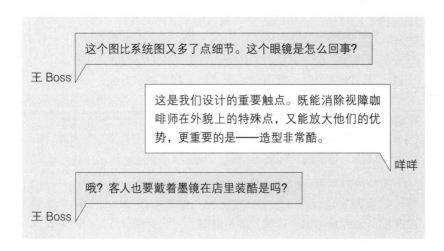

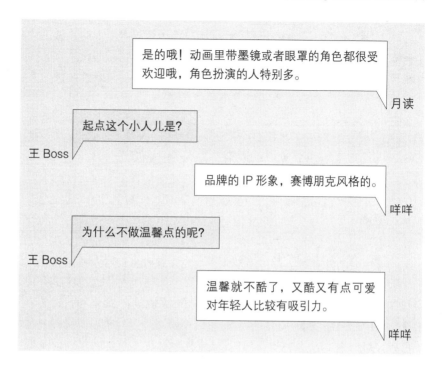

三、拓展知识：顾客旅程图与用户体验地图的异同

在服务和体验设计领域，关于旅程和体验研究的工具主要包括顾客旅程图（Customer Journey Map）和用户体验地图（User Experience Map），可以将他们统称为"旅程可视化工具（Journey Visualization Tool）"。服务设计在国内外的发展时间较短，无论是学界还是业界，目前对这两个工具的研究主要集中在运用与实践，并呈现出名称描述不一、内容形式多样、欠缺严谨性等特征。本小节对两个工具进行溯源分析，借助不同维度的服务设计案例和两者异同性的分析比较，更清晰地界定这两个工具及其在实际运用中的规范。

在服务设计的过程中，为了实现更好的价值主张、满足用户的需求、设计更好的体验，服务设计师们需要"技术"与"工具"来进行创新并管理整个创新的过程，使用专业设计工具来传达可用的、易用的、想用的使用价值。其中以"顾客旅程图"和"用户体验地图"为代表的服务旅程可视化工具被反复运用，后者也是体验设计中使用频率最高的工具之一。这两个工具在服务设计项目中发挥着重要的作用。

以用户为中心的设计原则映射到服务设计中，就是要考虑整个服务生命周期中所有用户的需求，既需考虑服务过程中每个触点涉及的用户有什么样的需求，又需考虑对触点中物质与非物质的设计有什么反馈。与传统工业设计和产品设计相比，作为新思维方式的服务设计确实有着许多不同的关注点：工业/产品设计通过功能和使用方式创新为"用户（消费者和使用者）"提供有形的产品，而服务设计一方面通过策略和流程创新为"用户（利益相关者）"提供无形的、吸引人的、有意义的服务体验，另一方面也必须通过有形的、物理的方式（视觉、产品或空间）来达成这种体验。从设计对象的角度来说，从"用户"到"利益相关者"的概念层面的转变是最基本的前提。

通过顾客旅程图或用户体验地图，能够使用最少的成本帮助企业了解或展示用户在整体服务中的体验，从而复盘与优化服务。因此，研究并厘清这两个工具，能够帮助设计人员更深地理解用户思维和设计方法，从而更好地完成服务创新。

综合国内外案例来看，首先，不论是"顾客旅程图"还是"用户体验地图"，都是为了优化利益相关方服务体验而使用的"旅程可视化工具"。其次，"旅程可视化工具"按照时间顺序，呈现利益相关者在体验中的情绪波动并发掘机会点，这类情绪可以是单独表现的，也可以是融入触点交互中的。再次，"旅程可视化工具"的使用范围很广，它可以是企业业务的总结工具，可以是挖掘机会点的创新设计工具，也可以是展示用户新体验的图表工具。最后，无需将两种"旅程可视化工具"对立起来看，而应该从共性中找出变化，在特性中发掘两者的共通之处。

1. 相同点

（1）共同目标

两个服务旅程可视化工具都是在体验经济时代下诞生的，是将现有体验（Current-state）或计划体验（Future-state）进行可视化梳理的表现工具。"顾客旅程图"与"用户体验地图"虽然叫法不一，但两者有着共同的使命，那就是在服务设计中用来梳理用户在服务中的体验流程、行为、触点和情绪，并以视觉化的方式呈现。这两个工具常用于商业设计中，企业通过视觉化的地图，能够清晰地观察用户在旅程中的行为动线及情绪起伏，且通过现象进一步洞察需求，挖掘机会点，从而进行下一步的调研和设计行动，并不断地迭代服务体验。

（2）共通内涵

一个新的服务设计概念往往需要从重新确定服务参与者（人）、规划服务的行为活动及过程（行动）、定位服务目的、营造新的服务场景、谋求新的服务媒介等角度入手。这五个要素构成了服务设计的基本框架，分别回答了服务设计在实践操作层面需要解决的五个具体问题：为谁（Who）、是什么（What）、为何（Why）、何地或何时（Where 或 When）以及如何（How）。从心理学和顾客体验的角度看，服务成功的基础是设计师能够唤起顾客对于人、行动、目的、场景、媒介等要素之间一致性、完整性的期望，服务设计是整合上述五要素的系统设计。这些要素反映在旅程图和用户体验地图中就是用户、行为、阶段、触点、痛点、情绪，以用户为研究对象，按时间顺序串联起来，描述一段完整的用户体验旅程。因此，两个工具的内涵都是服务设计五要素，是共通的。

2. 不同点

（1）研究对象不同：从顾客到多元利益相关者

以用户（利益相关者）为中心的服务设计，为何需要延伸出两种类似的表述工具呢？可以从两个单词来解读两个工具研究和设计对象的不同。英文"Customer"和中文"顾客"，都是指从商店或服务行业购买东西的个人或组织。"购买"意味着商家与顾客形成了资金交易关系。英文"User"和中文"用户"则意为"使用者（A Person or Thing That Uses Something）"，如产品、水、电、设备、道路、电脑软件、网络等的使用者。可以看出"用户"是"广义上的使用者"概念，不仅包括人或组织，也包括物。"用户"的概念广泛应用于传统制造业、服务业及互联网行业，用户与服务之间不只存在直接的资金购买行为，还存在通过其他物质交换而产生的租赁、免费或付费的暂时性使用权等，使用者此时不一定具备服务或产品的归属权。再从服务设计的角度来看，服务中的使用者不仅包括服务接受者，也包括服务提供者，是"多元利益相关者"的概念，可以通过几个具体案例来辨析。

案例一：腾讯 CDC 与微众银行合作项目

项目通过对国内 28 家银行进行调研后发现大量用户从线下转移到线上，银行必须与互联网紧密配合才能获得更好的发展。设计团队通过用户研究归纳出多类用户，将各类用户的体验流程做成了多个独立的旅程图，每张旅程图都侧重于不同类型用户的体验历程，表现用户的情绪曲线，挖掘该类用户的痛点与机会点。着手对其中一类用户的体验流程进行解读（图 4-58）：该图清晰地划分了整个服务流程，

■ 服务设计流程与方法

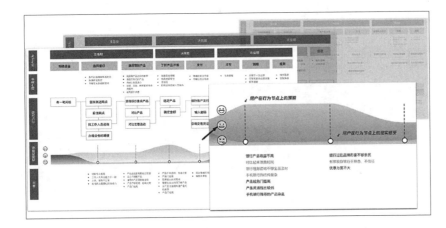

图 4-58
微众银行服务
（图片来源：网络）

横轴为准备期、决策期、收益期，分别对应垂直栏的细分节点；纵轴罗列了用户行为、用户需求、行为流程、情绪（预期和感受）、痛点几大模块。从内容来看，该旅程图主要围绕顾客办理银行理财业务的行为流程展开。设计团队选择简化顾客在办理理财产品时的大部分前期行为，目标在于重点研究顾客的办理过程及收益服务。在有明确的目标人群及业务需求背景下，通过旅程分析和设计工具来提升有理财意向顾客在使用理财服务场景中的体验。单纯顾客视角以及重点旅程的可视化，可以让服务流程尽可能地简化，为基于行为的流程创新和设计提供更清晰的指引。

案例二：诵读困难症儿童阅读体验

该案例地图展现的是有诵读困难症的孩子的日常生活，按照时间顺序呈现用户旅程（图 4-59）。图中罗列了服务提供者（学校、教师、家长、治疗机构）与服务接受者（儿童）等利益相关者的活动，使用图标示意旅程中各类触点及利益相关者的行为、情绪、痛点，是较为简约的用户体验地图。

案例三：芝加哥城市植物种植体验

该项目的重点在于研究芝加哥城市植物种植参与者的积极与消极因素。在这张地图中（图 4-60），没有标注任何企业的名称，但是服务所涉及的服务提供者与服务接受者都涵盖其中，用更可视化的方式减少信息干扰，研究整体体验流程，使得相关服务供应商或市政管理人员能基于该地图更方便地理解整个流程，并规划更好的种植计划。

[第四章] 服务设计的常用工具

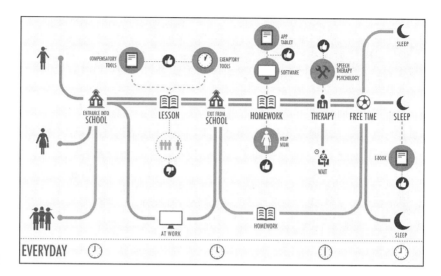

图 4-59
诵读困难症儿童阅读体验
（图片来源：网络）

综上可见，教育、医疗、交通、环境等公共服务相较于餐饮、娱乐、旅游等商业服务而言，往往涉及多部门、多机构的服务生产和服务提供，"用户"的范畴大于"顾客"，用户体验地图的涵盖面更广，更适合表达包含多元利益相关者的复杂服务系统。

（2）体验范畴不同：从"个体"到"群体"

Bruce Temkin 是顾客旅程图的早期倡导者之一，在一份题为《Mapping the Customer Journey》的报告中，将顾客旅程图定义为

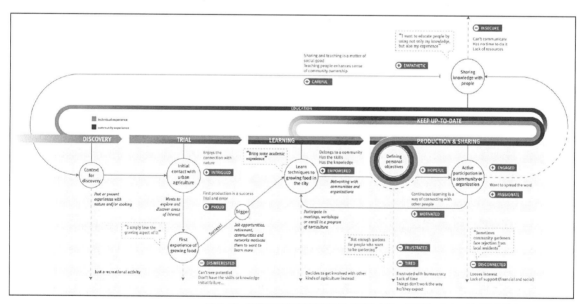

图 4-60　芝加哥城市植物种植体验（图片来源：詹姆斯·卡尔巴赫《用户体验可视化指南》）

- 105 -

服务设计流程与方法

"视觉描述客户的流程、需求以及看法，贯穿他们与公司的关系的文档"。通过观察、深访等方式对典型用户进行研究，挖掘其对于整体服务体验的感受，进而围绕人物角色的真实故事进行旅程图的制作，有助于激发大多数此类顾客产生同感，也更容易在设计团队中准确描述设计对象的特征和需求。值得注意的是，这里的人物角色，是企业外部的消费者和服务接受者，是顾客的"个体"体验。詹姆斯·卡尔巴赫在《用户体验可视化指南》一书中指出：体验地图通常聚焦于既定领域内的一般人类活动，公司或组织可能甚至没有标明，或者也许会有其他企业参与其中。这里的体验指的是用户在操作或使用一件产品或一项服务时的所做、所想和所感。当体验成为设计对象，被设计的是特定人群在特定场景的一段特殊经历。用户体验地图是一种全阶段、全流程、可视化的流程分析工具，能够定位和描述用户与产品、环境之间的复杂交互体验过程。在这类地图中，不仅展示服务的流程和触点、服务接受者的行为和体验，也可能涉及其他前、中、后台的服务参与者及其体验。因此用户体验地图中的体验，是多元利益相关者的"群体"体验。两个服务旅程可视化工具的体验范畴如图4-61所示。从"个体"到"群体"体验范畴的变化可以通过一组案例的比较来解读。

案例一：The Fresh Market

The Fresh Market"顾客旅程图"（图4-62）由服务阶段、顾客行为、情绪、体验要素构成。图中的研究案例从"新、老"两类顾客

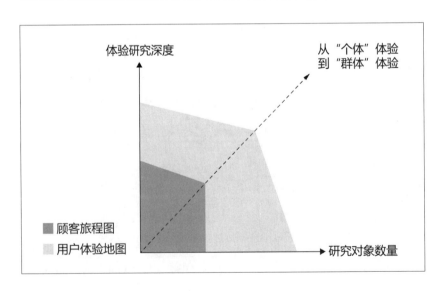

图 4-61
顾客旅程图与用户体验地图的体验范畴

[第四章] 服务设计的常用工具

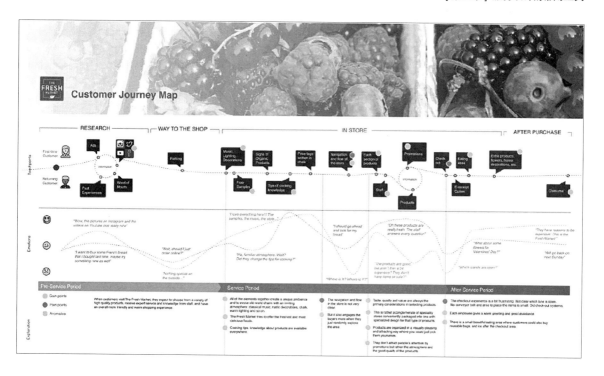

图 4-62
The Fresh Market 顾客旅程图
（图片来源：网络）

"个体"视角出发，将不同类型服务接受者的行为作为重点研究对象，描述顾客在超市购物服务中发生的增益点、痛点与忧虑，使企业能够回顾并分析两类顾客在体验中产生的问题和改善的机会点，为后续提升顾客体验的设计提供支撑。

案例二：澳洲纳税服务

澳洲纳税服务"顾客体验地图"（图 4-63）案例中，从地图要素构成来看，纵轴内容有行为互动、情绪强度、接触点；横轴按照事件发生顺序依次罗列了六个阶段：了解、确定、选择、准备、制定、完成；图表周围则是对项目背景、关键信息、用户类型的描述，以及其他详细的服务元素。同时，该图列出了制图起因（此表格是在财政年终总结与收入变化的环境下使用的），表明了特定的使用背景。从主体内容来看，该地图针对当时纳税的整体环境及体验过程，使用不同角色的对话来展现不同人物背景，丰富了用户角色及相关体验证据；将用户对话串联起来清楚地表述出纳税服务中各环节的痛点和机会点，以及原有体验中不必要和必要的触点。该地图以顾客体验为重点，以多角色利益相关者为研究对象，目标在于顾客对于服务从发生

- 107 -

■ 服务设计流程与方法

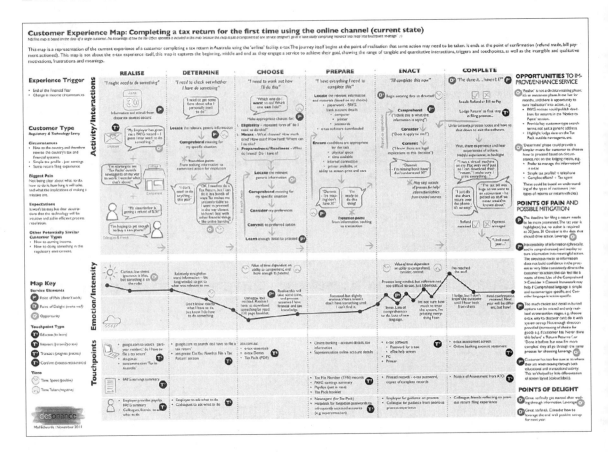

图 4-63
澳洲纳税服务
（图片来源：网络）

到结束的系统体验优化，内容囊括了前、中、后台系统性的优化，维护了服务接受者与企业关系的同时，也优化了服务提供者们的体验。

（3）架构内容不同：从线性结构到非线性结构

从表面来看，顾客旅程图与用户体验地图常常被混淆，主要是因为两者的内涵相同，都主要围绕服务五要素展开。但从具体内容和形式来看，仍然是有区隔的。

顾客旅程图可以表现从服务开始到结束的整个旅程，或是仅表现出几分钟的详细旅程。可以用来呈现用户过去的实际体验，也可以用来展望用户在未来服务中的体验。顾客旅程图有标准的内容构成，包括了阶段、行为、触点、情绪、机会点（痛点或爽点）五大必备板块。这几大板块涉及的用户关系较少，信息复杂程度相对较低，多以可视化图表呈现。顾客旅程图的绘制一般会更注重研究顾客在产品服务中的行为和情绪体验，图表式、线性结构的表达更加清晰明了，因而具有固定框架和样式（图 4-64）。

用户体验地图涉及的利益相关者较多，对于用户体验的研究会更

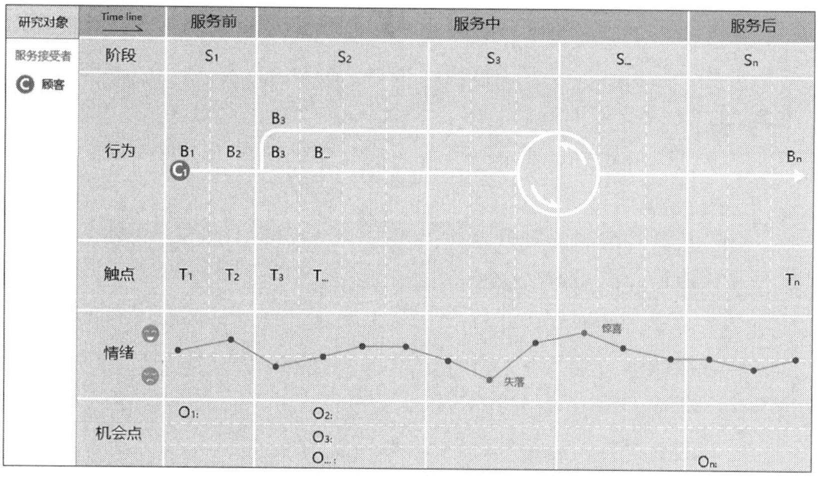

[第四章] 服务设计的常用工具

图 4-64
顾客旅程图架构内容

广、更深。一般需从服务提供者与接受者角度对该服务前、中、后阶段的用户体验进行全面呈现。用户体验地图常常用来分析服务生态系统的关系和设计解决方案,传达战略规划和创新。因此,用户体验地图注重洞察整个企业与顾客的关系,由内而外地提升用户体验,会涉及与各类利益相关者的交互行为,对于其他元素则没有过多的限制。这些不受限制的元素可能涉及六个内容,分别是:体验阶段、用户类别、用户行为、体验路径、交互触点,以及痛点和爽点。由于利益相关者的多元化、服务的复杂性和不确定性,相对来说,用户体验地图中呈现的体验路径也可能出现反复循环的情况。因此用户体验地图的构成更加灵活,需要采用自由的、非线性结构的样式来表达(图 4-65)。

3. 异同点小结

顾客旅程图与用户体验地图在某些情况下是可以互通互用的:
(1)两者都是用户旅程和体验的可视化图表;
(2)两者都基本包含人、行动、目的、场景和媒介这五个要素。

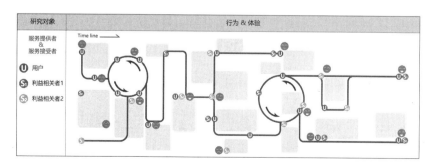

图 4-65
用户体验地图架构内容

- 109 -

但是，为了更准确、更高效地使用顾客旅程图与用户体验地图这两个工具，并为服务设计项目提供更有力地支撑，我们仍然需要理解两者的区隔：

（1）从研究对象角度来看，前者面向服务接受者，后者更多面向各利益相关者；

（2）从体验的范畴和深度来看，前者关注顾客的个体体验，后者关注包括用户在内的系统体验；

（3）从具体的架构内容来看，前者包含五大必备板块，且形式固定，后者在内容上虽然有六个元素可选，但重点关注交互行为，因此没有固定样式。

两者的上述异同点可以归纳为表 4-3。

顾客旅程图与用户体验地图的异同点　　　表4-3

	比较维度	顾客旅程图	用户体验地图
相同点	目标	用户旅程及体验的可视化	
	内涵	服务设计五要素（人、行动、目的、场景、媒介）	
不同点	研究对象	服务接受者	多元利益相关者
	体验范畴	"个体"体验	"群体"体验
	架构内容	五大必备板块、固定、线性框架	六个可选元素，不固定、非线性框架

作为旅程可视化工具，一方面，顾客旅程图与用户体验地图均可以在发现与洞察阶段使用，帮助服务设计师更深入地了解用户使用服务时的感受和体验，进而洞察用户痛点；也都可以在定义和设计阶段使用，协助服务设计师更准确地描述改善或创新设计后的服务旅程及体验。另一方面，由于两者在研究对象、体验范畴和架构内容层面的不同，也会导致两个工具在企业或项目中应用频次和阶段的不同。当分析和表达偏向顾客"个体"体验时，顾客旅程图更适用；当讨论和呈现涉及包括顾客在内的多角色利益相关者，且关注点更多在他们之间的互动关系、强调"群体"体验时，用户体验地图更贴切。

四、PCN（过程链网络）分析法

PCN 图（图 4-66）即过程链网络分析法（Process Chain Network），是 Scott Sampson 教授在他所著的《服务设计要法：用 PCN 分析方法开发高价值服务业务》一书中提出的用于服务过程分析的有力工具。

[第四章] 服务设计的常用工具

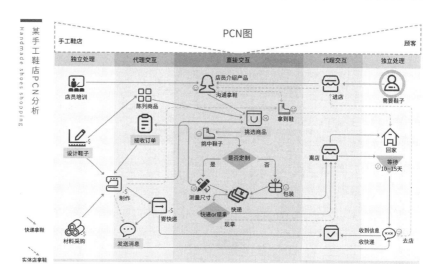

图 4-66
手工鞋店 PCN 分析
（图片来源：王玫琳、陈靓宇、李志聪等绘制）

他将服务描述为"提供商或是对顾客本身、顾客的财物或信息进行作用的业务过程"。在此基础上，2012 年他撰写了《服务设计要法》一书，阐述了服务供应链的特征，将服务看作是过程的交互部分，并提出了运用过程链网络分析法进行服务创新的原理及原则。该书展示出 PCN 分析法在帮助人们识别创新机遇上所具有的潜力和优势，并通过一些不同领域的知名企业案例进行了理论验证。但是，它仍然是一个较新的理论，实际应用的案例不多，而在此之前，著名的服务设计方法——服务蓝图已经被使用了接近三十年，无论是现有组织要转变战略还是发现全新业务的商机都可以使用它。

PCN 分析法最主要的优势在于提供了一种结构化分析来识别创新机遇，能够带来系统化的服务创新。

跟前面介绍的工具有所不同，过程链网络分析法的理论基础是统一服务理论。统一服务理论把服务定义为提供商或者对顾客本身、顾客的财物或信息进行作用的业务过程。也就是说不把产品与服务分开，而是将其统一起来看作一个过程。过程是一个步骤序列，由实体执行，每个实体都有自己的过程领域。这里实体指代的是人、企业或组织机构。服务是两个实体间的过程，有资源的双向流动，因此可以理解为实体之间的交互。一个带有可标识目的的过程步骤序列即为过程链，过程链将实体的过程领域连接起来组成网络。

图 4-67 是单个实体的 PCN 图及其应用：一个简化的咖啡馆 PCN 图。单实体 PCN 图并没有功能，只是用于帮助理解什么是实体和它控制的过程。图中顶部三角形内写的是实体的名称，下方为该实体的过程领域，越靠近边缘，实体对其的控制就越弱。过程领域包

■ 服务设计流程与方法

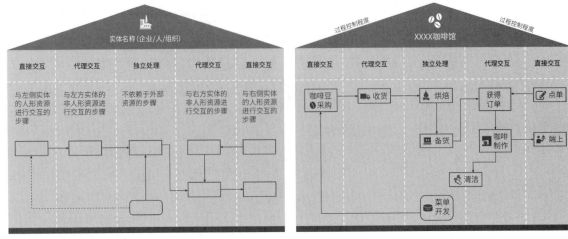

图 4-67　单个实体的 PCN 图（左）与单咖啡馆 PCN 图（右）

含三种交互类型：独立处理、代理交互和直接交互，并呈对称分布。PCN 图的语法：步骤主语省略，主语为过程实体。

独立处理指该实体自己完成的行为步骤，不依赖于对方提供的资源如信息、物质、设备等。比如顾客在散步时经过了咖啡馆门口，这个散步就是独立处理，跟咖啡馆没关系。

代理交互指实体与另一实体的资源（如物质、信息、设备等非人形触点）进行交互，该实体的行为作用于对方提供的资源。比如顾客进入咖啡馆内，依赖于对方提供的店铺空间；顾客使用餐厅的点餐小程序进行点单，则依赖于咖啡馆提供的菜单信息和点餐系统。

直接交互指的是该实体与另一实体的人形触点进行交互（一般是指面对面的、实时的），比如顾客向服务员咨询，顾客向服务员下单等。

由于过程是实体和实体之间的交互，因此 PCN 图最终是相互关联的。

我们来看两个实体的 PCN 图如何描述这两个实体之间的交互行为。如图 4-68，左侧是企业实体，右侧是顾客实体，中间是他们各自过程领域的连接处。实线箭头一般代表步骤必须的先后顺序，虚线箭头代表步骤之间应有前后顺序。菱形框代表判断。把旅程的每一个步骤放到对应的过程领域中，用箭头连接起来，就得到了简化的 PCN 图。

这里我们看到有些步骤有笑脸的图标，表示这个步骤给顾客带来了愉悦的感受。流程的每一个步骤都要询问这个步骤是否能给顾客带来价值感？如果能就标上笑脸。这样我们就得到了一张带有情绪的

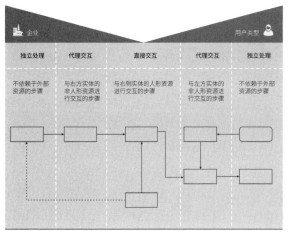 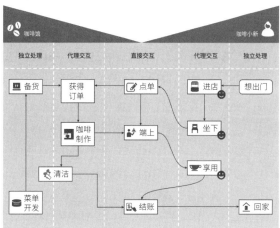

图 4-68 两个实体的 PCN 图（左）咖啡馆顾客 PCN 图（右）

PCN 图。对价值的判断总的来说分为两种类型：①特定收益，取决于受益者对某种价值的看法，即他是否认可这有价值。比如赠送的小吃非常辣，对爱吃辣的顾客来说有价值，对不爱吃辣的顾客来说价值感就很低；又比如店里有宠物，能为宠物爱好者带来愉悦，但是对其他顾客可能会带来困扰（叫声、毛、对卫生的担忧等）；②一般收益，即对所有人来说都能带来愉悦感的事，比如高效率、价格便宜、金钱上的补偿、舒适感、被尊重等。在设计时，可以从让人不愉快的步骤着手，移动该步骤所在的过程领域或者是设法删除它。

作用：

PCN 图是一个强大的分析工具。因为它的描述较为精确，也给予了直观的改进方向和判断依据，比如直接交互越多，效率越低等，所以它可以帮我们检视服务的整体效率、交互过程中存在的问题等。

虽然 PCN 图在创建的时候比较复杂，但是它提供了一些帮助你判断的准则和调整方向，比如这 4 条原则：过程低效、规模经济效益、客户化和代理定位（图 4-69）。

（1）过程低效：步骤主要集中在直接交互区域，表示服务效率低且顾客强度高（即服务员感受到来自顾客的压力）。

（2）规模经济效益：步骤主要集中在供应商的独立处理区域。如果供应商可以购买专业化的设备来提高生产效率、产品品质，则意味着可以降低成本，实现规模经济效益，例如批量化生产的工业产品、食品。

（3）客户化：步骤集中在顾客独立处理区域，意味着顾客可以根据自己的需求进行组合，拥有更高的自由度和合意性，例如各种 DIY 的产品和服务。

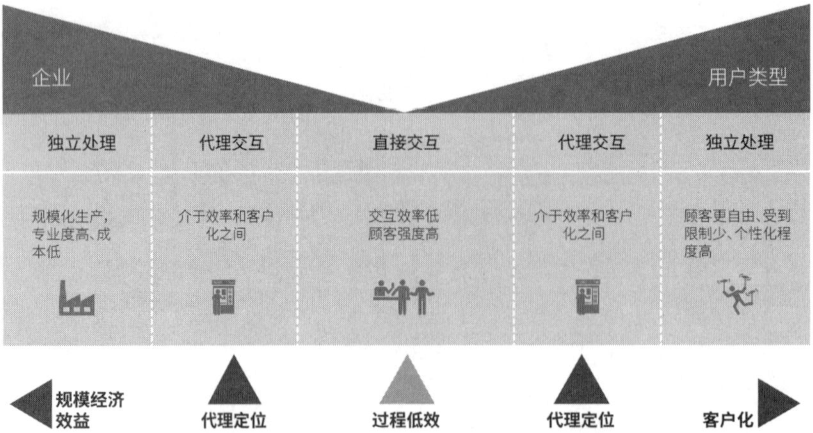

服务设计流程与方法

企业					用户类型
独立处理	代理交互	直接交互	代理交互	独立处理
规模化生产，专业度高、成本低	介于效率和客户化之间	交互效率低顾客强度高	介于效率和客户化之间	顾客更自由、受到限制少、个性化程度高

← 规模经济效益 ▲ 代理定位 ▲ 过程低效 ▲ 代理定位 → 客户化

图 4-69
PCN 原则

（4）代理定位：步骤集中在两个实体的代理交互区域。介于效率和客户化之间的最佳选择，例如各种设备、产品、小程序或者是说明资料、提示信息等。

观察 PCN 图，了解目前品牌的现状如何？是否有大量的直接交互导致过程低效？是否有专业的设备和供应链管控实现规模经济效益？还是说尽可能地赋能顾客，让顾客自助服务？有没有提供更多的代理交互来减少直接交互的压力？检视之后，可以根据品牌优势的不同选择更适合它的方向进行调整。如图 4-70 所示，以咖啡为例，将"制作"这一步骤放在不同的过程领域，可得到不同的产品形态或服务形态。因此，可以尝试移动 PCN 图中某些步骤的过程领域，或许会得到全新的解决方案。

作业案例图 4-71、图 4-72 为理发店的 PCN 图设计前后对比，学生关注老年群体，发现他们的痛点与理发本身关系不大，主要在于孤独。为带来更高的情感价值，也减少等待步骤的时间浪费，他们设计了一种让子女为父母亲洗发的服务，并将很多直接交互步骤移动到

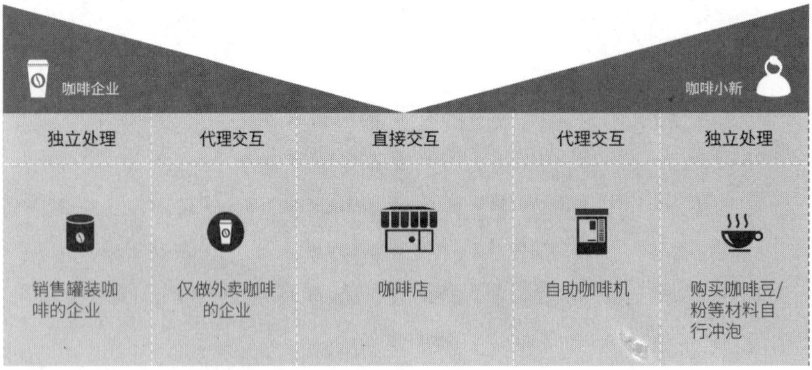

咖啡企业					咖啡小新
独立处理	代理交互	直接交互	代理交互	独立处理
销售罐装咖啡的企业	仅做外卖咖啡的企业	咖啡店	自助咖啡机	购买咖啡豆/粉等材料自行冲泡

图 4-70
移动"咖啡制作"步骤的过程领域

[第四章] 服务设计的常用工具

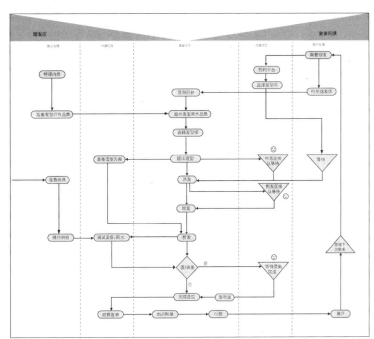

图 4-71
一般理发店 PCN 图
（图片来源：方苑琪等绘制）

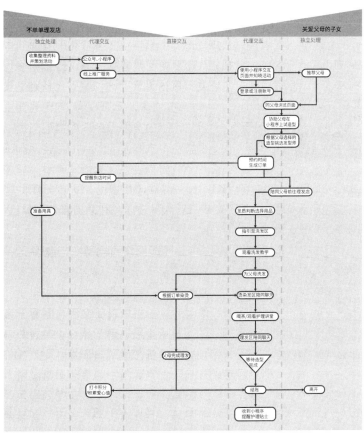

图 4-72
不单单理发店 PCN 图
（图片来源：方苑琪等绘制）

▎服务设计流程与方法

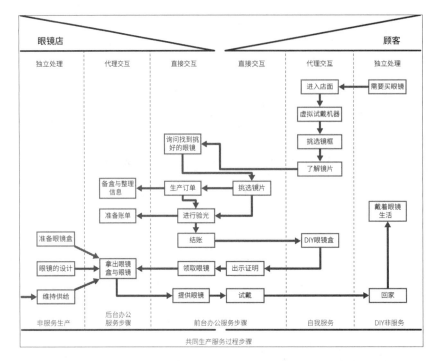

图 4-73
某眼镜店改进的 PCN 图
（图片来源：周逸等绘制）

代理交互区域以提高效率、降低成本。图 4-73 为学生制作的一家眼镜店改进后的 PCN 图，为减少直接交互带来的压力，他们减少了产品推荐等互动步骤，并在代理交互区域增加了虚拟试戴、眼镜盒制作等步骤。

此外基于 PCN 图还有一些适用性较广的一般解决方案：

（1）强化战略交互

战略性交互是指那些具有决定性影响的交互步骤，能让用户立刻掏钱或者决定下次再来的步骤。这些步骤应该强化，就是比原来更好、更快、更便捷、更贴心等。这跟峰终定律提示的拔高波峰是一样的。

（2）消除无用交互

无用交互是指那些不为用户带来价值的交互步骤，比如把物品放入购物车，有时候好像必须，但是没有价值感，那么去掉它呢？

（3）赋能顾客，让顾客自助服务

企业全包和赋能顾客是两个完全相反的方向。企业全包意味着为顾客解除一切担忧，所有麻烦的事交给企业，例如租车公司把汽车的加油充电、维修保养等工作包揽，顾客只需要驾驶即可。赋能顾客是客户化必须做的，否则顾客的体验会非常糟糕。若要使顾客能完成一些专业的工作，必须对产品、服务做出改进。例如宜家的家具，其安装结构都经过特殊设计，比较简单并且配有专用工具和极为详细的图文说明书，使顾客具备自行安装的可能。为使顾客可以轻松购买家具，宜家的展场布置得非常完善，搭配建议、产品尺寸、提货位置等都标注得十分清晰，不需要导购人员。

（4）将非核心业务外包，让更专业的企业来提供服务，降低本企业的劳动成本，比如有些餐厅将洗碗业务外包、酒店将清洗布草的业务外包等。

怎么做？

PCN 图的颗粒度可以非常细。如果用于发现问题，想更全面地检查服务过程，则应尽可能详细地列出服务流程中的每一个步骤；如果是用于整体比较，则可简化表达，保留主要步骤。

PCN 图与顾客旅程图有一定的相似之处。

（1）绘制或打印出 PCN 图模版，在一侧标记为用户，另一侧标记为服务提供商；

（2）将整个服务流程中用户执行的主要或全部步骤写在便签纸上，按照交互类型摆放在不同的区域；

（3）将服务提供商在流程中执行的主要或全部步骤写在便签纸上，按照交互类型摆放在不同的区域；

（4）圈出起点，用带箭头的线条将所有步骤连接起来；

（5）标记出用户情绪。

注意事项：

（1）不要混淆独立处理和代理交互。代理交互必须依赖于对方提供的资源，独立处理的步骤则与对方无关，但独立处理的某些步骤有可能依赖于其他实体提供的资源，为了简化表达可以放在该区域内。

（2）价值判断时不应将多个不同类型的用户角色的看法合并。价值判断时应根据用户角色进行判断，因为有些用户能获得特定的收益，比如女性用户就比男性用户更爱食品的高颜值。

讨论

> 这个好，这个看起来很专业。
>
> 王 Boss

> 的确。PCN 分析不仅适合对现有服务进行效率的调整，还可以创造全新的服务，因为有些步骤一旦移动，整个服务就不一样了。
>
> 咩咩

▎服务设计流程与方法

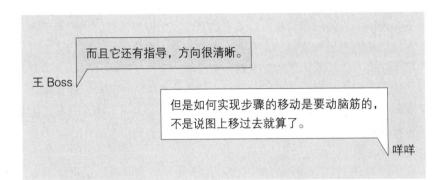

五、服务蓝图

顾客旅程图是用户的视角，即用户可见的一切，是业务的前台，通过这个视角能够更好地理解流程逻辑和用户的感受、需求。服务蓝图（图4-74）是业务后台和幕后的视角，关注的是后台行为如何与用户的体验关联在一起，也就是为了实现某一前台体验，后台所需要完成的操作步骤、信息的流动和组织的行为等。

作为来自管理学的工具，它原本更侧重于讨论服务管理的问题，尽管其基本结构与顾客旅程图、PCN图相似，都是以用户的行为作为主要线索来描述和分析服务过程。

Megan Erin Miller 一直在斯坦福大学从事服务设计工作，她认为：

"一个体验与产生它的团队密切相关，对一个体验进行有意义的任何改变都需要深入了解为这个体验搭建舞台的组织的构成。服务蓝

图4-74 "舟行"水上游服务系统服务蓝图（图片来源：房南希、罗若丹绘制）

图不是为了记录用户体验,它是以用户体验为出发点,来展示组织是如何支持这整个用户体验流程的。

如果你已经对用户体验有了很好的理解,或者确定了用户或内部团队的某个特定痛点,那么服务蓝图应该是你的下一步。它将帮助你深入研究如何提供体验和组织如何运作(无论好坏),使你能够在内部解决组织痛点和流程崩溃。它所促进的跨职能协作,第一次将不同的组织知识集中到一个中心位置。

然而,不要一味地去追逐用户的痛点。有些情况下,用户的体验可能是完美并令人愉悦的,但在幕后,组织却在费尽心思地拼凑,维持表面的紧密关系。在现实中,可能会因为使用低效和痛苦的内部流程来维持良好的用户体验而损失大量的时间、金钱和员工忠诚度。在这样的情况下,你可能会考虑使用用户旅程图来绘制内部工作者的情感体验,以了解组织的痛点、挑战和改进的机会。

服务蓝图显然是必要的,因为它将帮助你了解组织的复杂性,并让你将潜在因素与用户旅程联系起来。这样你就不会忽视未来的变化、降低成本、提高效率、提升士气以及企业本身的整体健康状况,可能对用户产生的影响。我们要像关注用户体验一样,关注这些内部组织体验。"

"舞台"是服务设计中的一个基础概念,对于理解顾客旅程图和服务蓝图之间的差异至关重要。"舞台"由三个视角组成:前台、后台和幕后(图4-75)。你可以想象一个简单的剧院舞台,前台是演戏的地方,是观众能看到的。对服务来说,用户就是观众,工作人员在用户可以看到的地方执行的行为就等于演员在前台的表演,这

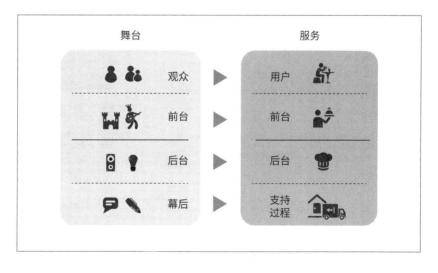

图 4-75
剧场理论

服务设计流程与方法

两者构成服务的前台,比如餐厅的空间、服务员、咖啡师等。后台是支持前台所有行为的地方,灯光、布景、工作人员等,所有这些都是观众看不到的。在服务进行时,用户不可见的空间工作的人员、设备就是后台,是组织和我们为支持前台所做的事情,比如餐厅的厨房、厨师等。幕后是保证舞台得以进行的先行工作,比如策划、编排、售票等。对服务来说,幕后是组织为实现前台和后台而必须做的所有无形的事情,如制定规则、条例、政策、预算;所有这些东西都不是真正的前台或后台的一部分,但是必须具备才能支持前后台,可以理解为基础设施。幕后在蓝图中用支持过程表示。

服务蓝图的基本结构如图4-76中左侧,但也不是完全固定的,可以根据具体项目进行调整。不同的学者对服务蓝图的理解会有些不同,一般是在最基础的蓝图上根据项目特点来细化或增减栏目。蓝图的上半部分跟旅程图上半部分几乎一样,是服务阶段和用户行为,这里有个有形展示的概念,指可见的、可感知的、对诠释服务有帮助的物品,如咖啡馆的招牌、菜单、桌椅等。蓝图的上部有一条交互分界线(虚线)将顾客行为和员工行为分开,用于表达顾客和员工之间如何交互;中部有一条可视分界线(实线),可视分界线的上方即前台,是顾客可见的部分,下方即后台,是顾客不可见的部分。最下方一栏是支持过程或系统,是企业为了维持自身运转而进行的活动或者使用的系统。后台与支持过程之间有一条内部交互分界线(虚线),用以区分企业内部是如何交互的。有的蓝图有中台,在前后台之间,因其概念比较复杂,也影响前后台的划分,在此暂不作介绍。图4-76中右侧为简化的只有三个用户行为的餐饮服务蓝图案例,用于说明蓝图和旅程图的不同之处。

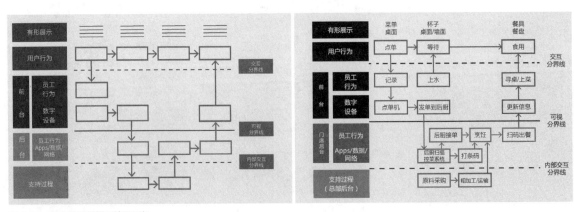

图4-76 服务蓝图模板及填写示意

[第四章] 服务设计的常用工具

作用：

服务蓝图的主要功能是从执行的层面检视服务中存在的问题，以及帮助设计和执行团队将构想落地，因此它展示的不仅仅是用户的行为和需求，更多的是员工、后台各个部门、配套的软件系统、合作的供应商等如何去配合前台服务，需要调动哪些人力、物力和技术来完成。它还可以用于优化内部流程、提高组织效率。

怎么做？

与需要大量外部研究的客户旅程图不同，服务蓝图主要由内部研究组成。它讨论很多员工的、后台的内容，在构建的时候必须有企业的执行团队参与，才能更有效地发现并协调问题。

（1）收集顾客行为信息

首先收集研究报告，了解顾客行动的基线（或者说客户在与服务交互以达到特定目标时执行的步骤和交互）。顾客行为可以从现有的顾客旅程图中得到，因此应先完成顾客旅程图。

（2）进行内部调研

了解后台的所有行为及信息传递。选择并组合多种方法，如员工面谈、直接观察、工作坊等，以便从不同角度和工作角色揭示见解。

（3）梳理前后关系，将各个步骤用带箭头的线连接，根据需要增加标签。

图 4-77 为增加栏目及栏目细化的服务蓝图案例，时间栏有利于理解服务步骤耗费的时间和进行前后对比，为步骤增加标签可快速识别所有关联步骤。

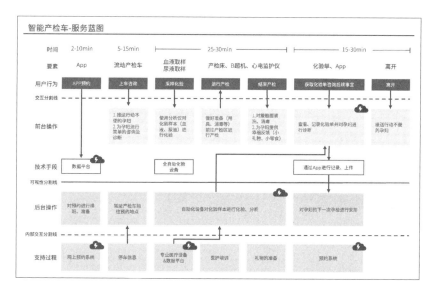

图 4-77
智能产检车服务蓝图
（图片来源：林尚君等绘制）

服务设计流程与方法

作业案例图 4-78 为三年级学生作业，基本理解了服务蓝图的逻辑。但是总体来说服务蓝图的构建比较困难，需要深入企业进行观察和访谈，因各种条件限制，学生作业都做得较为简单。图 4-79 为一家糖水店的服务蓝图，学生对堂食和外卖的流程进行了区分，可见线上服务几乎没有真正意义上的前台，品牌之间的区隔非常依赖于数字触点，并且限制很多。思考一下，这两张图可以合并成一张吗？

演练

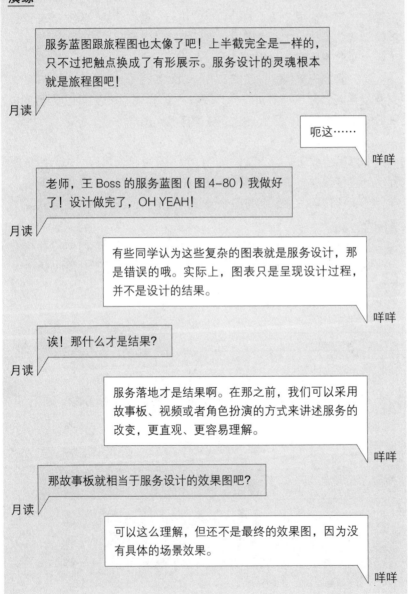

月读：服务蓝图跟旅程图也太像了吧！上半截完全是一样的，只不过把触点换成了有形展示。服务设计的灵魂根本就是旅程图吧！

咩咩：呃这……

月读：老师，王 Boss 的服务蓝图（图 4-80）我做好了！设计做完了，OH YEAH！

咩咩：有些同学认为这些复杂的图表就是服务设计，那是错误的哦。实际上，图表只是呈现设计过程，并不是设计的结果。

月读：诶！那什么才是结果？

咩咩：服务落地才是结果啊。在那之前，我们可以采用故事板、视频或者角色扮演的方式来讲述服务的改变，更直观、更容易理解。

月读：那故事板就相当于服务设计的效果图吧？

咩咩：可以这么理解，但还不是最终的效果图，因为没有具体的场景效果。

[第四章] 服务设计的常用工具

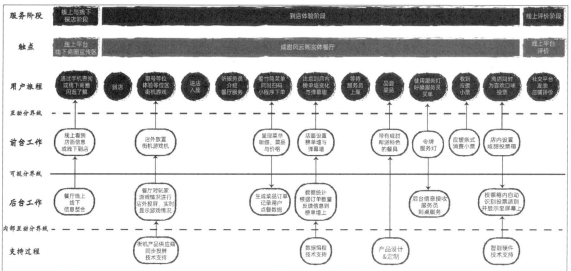

图 4-78
咸甜风云阁甜品店服务蓝图
（图片来源：周晓蔓等绘制）

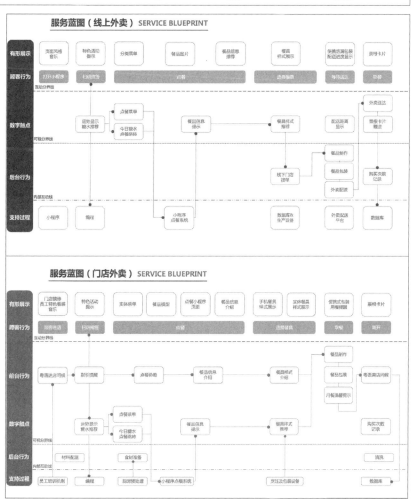

图 4-79
糖度糖水店服务蓝图
（图片来源：陈彤、邱功茂等）

服务设计流程与方法

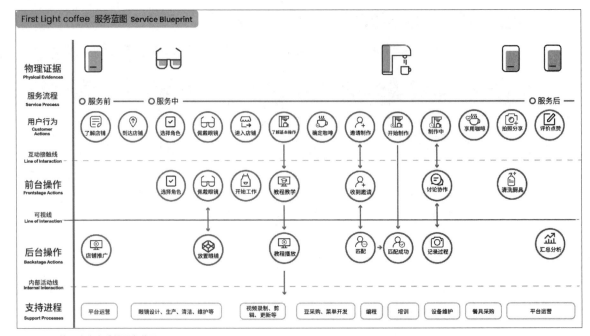

图 4-80　第一束光咖啡馆服务蓝图

六、故事板

故事板是一种采用漫画的方式来表达服务过程或场景的方法。一般以用户为主角描述服务流程。作业案例图 4-81 至图 4-87 展示了不同风格的故事板。故事板包含服务的关键场景、用户的行为、情绪等，非常直观地展示了用户的服务旅程。它通过情节的设计把服务所涉及的各个场景、触点串联在一起。情节和画面的合理组织使得故事板成为清晰又具有吸引力的服务表达方式。图 4-86 描述的是一个两天一夜的长旅程，为表述完整，学生对故事板的画面进行了简化。这种长旅程还可以拆分为多个故事板，每个故事板仅表述其中一个体验环节（图 4-87）。

作用：

通过讲故事的方式直观地描述服务通常发生的场景和流程，或新服务的假设实施。主要用于团队的沟通及方案汇报，协助团队更好地讨论、展示服务。创作故事板的过程同时也促使设计人员从用户的角度考虑问题，这反过来又能帮助设计师将得出的结论引入到设计过程。

怎么做？

（1）准备若干空白卡片、顾客旅程图；

（2）查看服务的用户角色，选择其中一个作为故事板的主角；

[第四章] 服务设计的常用工具

租借流程故事板

使用流程故事板

图 4-81 共享血糖仪服务故事板（图片来源：汪晨曦等绘制）

● 购买产品并关注公众号

● 收到任务清单

● 执行任务

● 完成任务并分享至朋友圈

● 把截图发送至公众号后台

● 完成一系列任务，获得优惠

● 再次购买

图 4-82 手工鞋店故事板（图片来源：王玫琳、陈靓宇、李志聪等绘制）

（3）根据旅程图，构思该典型用户的一次服务过程；
（4）选择几个主要的步骤，拟为标题写在卡片底部；
（5）为每个步骤构思一个画面，凸显该步骤用户的行为和获得的反馈，注意只出现必要触点；

- 125 -

服务设计流程与方法

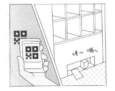

图 4-83
美貌补给站服务故事板
（图片来源：苏佳瑶、潘佳琪等绘制）

图 4-84
智能产检车服务故事板（1）
（图片来源：林尚君等绘制）

图 4-85
智能产检车服务故事板（2）
（图片来源：林尚君等绘制）

[第四章] 服务设计的常用工具

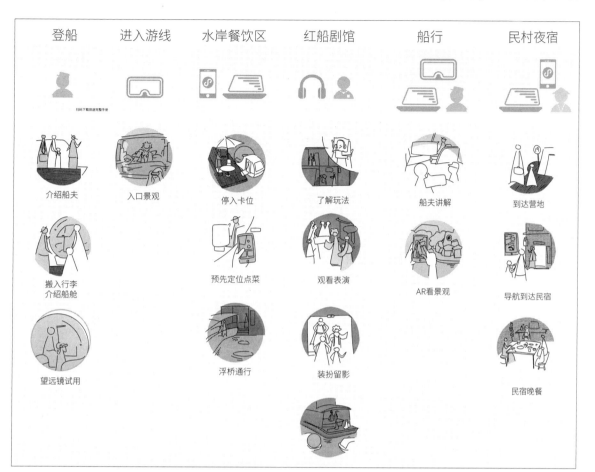

图 4-86 "舟行"水上游服务故事板（图片来源：房南希、罗若丹绘制）

图 4-87
西关声探旅游服务故事板
（图片来源：杨韫意、陈靓宇等绘制）

■ 服务设计流程与方法

（6）画图或使用素材拼贴的方式来完成每一张卡片，控制住想要装饰画面的想法，检查画面是否简单易懂；

（7）讨论，调整顺序或增减卡片。

注意事项：

故事情节应尽量简洁而有吸引力，突出服务的核心场景，一些常规步骤可适当省略。画面风格应与产品或服务的使用情景匹配，人物比例正常或艺术化，但不应使用 Q 版娃娃，以免显得幼稚降低专业性。

讨论

> 我知道要画故事板，但是我有点激动了，先看看我设计的眼镜怎么样（图 4-88）？
>
> 月读

> 还蛮……怪异的？？？
>
> 咩咩

> 我相信我们的用户会觉得这很酷！我甚至把店面都想好了，门前要站着 Kaka 和 Fifi，一定能吸引人跟他们合影（图 4-89）！
>
> 月读

> Well，开始有画面了。
>
> 王 Boss

图 4-88　First Light Coffee 触点设计：眼镜

图 4-89　First Light Coffee 触点设计：门头

第四节 执行工具

一、服务原型测试

服务原型是对服务过程的模拟。模拟的形式可以从简单的角色扮演对话到真实环境、真实用户参与。在表达概念的时候，原型是视觉化的升级，方案不再停留在纸面上，触点可以被感知、交互真实发生。尽管缺乏一些细节，但流程中所有问题都会呈现出来。它是产品和服务的初期模型，用以测试评估概念和流程。

我们在第二章介绍了三种服务原型：讨论原型、模拟原型和领航原型。它们适用于不同的设计阶段，消耗的费用也不同。其中讨论原型是最具性价比的测试，在概念设计阶段一定要使用它。无论是产品还是服务，设计阶段的变更成本都要远低于投产或者运营之后变更的成本，因此不要觉得没有时间或者没有费用制作原型。当然，有些原型搭建非常困难，尤其是那些涉及商业模式创新的想法，但却更需要进行低成本的原型测试。调研的时候，用户可能并不知道自己需要什么，但当产品和服务出现时，他们会知道那不是他们想要的。因此，最大限度地模拟出未来的服务才能避免错误。

下面以一个我们项目过程中的服务原型测试为例介绍一下原型的准备及测试过程。

1. 酒店亲子服务讨论原型测试

（1）拟定测试清单

测试清单通常由被测服务的设计师亲自来拟定，包括测试目的、测试内容、场景要求、测试用物料、人员安排及详细的测试流程。清单拟定得越详细，对测试人员的指引就越明确，测试过程相对就越顺利。例如本项目的讨论原型测试清单中明确指出了本轮测试的五个场景和具体内容，分别是：酒店预订及亲子绘本（通过电子邮件）、酒店大堂接待、狮头扎作亲子课程、彩绘狮头亲子课程、狮家乐园空间及流程（图4-90）。

（2）搭建或制作测试用模型

首先是搭建1：1场景模型，如客厅、大堂、课室等，并尽可能地模拟真实环境。其次是对于讨论原型而言，有一些服务场景过于庞大或复杂，是比较难以用真实的手法去构建和模拟的，如本次讨论原型测试中的狮家乐园。因此，采用搭建缩小比例模型（1：20）的

▎服务设计流程与方法

方式来进行测试,通过缩小比例人模在场景中移动并结合画外音的方式来演示整个服务流程。

(3)测试过程中的人员安排

关于人员安排,是测试中的一个不确定因素。讨论原型测试属于设计团队内部的测试,服务流程中的各类利益相关者都由服务设计师来扮演,因此需要扮演者利用移情和角色代入的方法来模拟真实用户的想法、行为和语言等,对设计师的角色扮演能力(尤其是对角色心理和行为的揣摩)有一定的要求。除了角色扮演的人员以外,还需要安排人员进行拍照、录影、场记等工作,以便测试后有证据和素材进行下一步的研究和完善。当然,整个测试流程需要有人来掌控整体节奏,类似于导演的工作,一般由项目的主设计师承担。

(4)进行讨论原型测试

前期准备完备后,就可以按照清单既定的流程进行测试了(图4-91)。

(5)讨论原型测试的结果及优化

事实上,在上述五个阶段的测试过程中,都会发现或多或少的问题,例如:绘本故事的逻辑不够吸引孩子;入住流程不够简便,服务人员难以兼顾孩子需求;任务卡发放流程不合理,游戏规则不够清晰;狮头扎作难度偏高,容易打击孩子积极性;彩绘狮头创作工具不理想,马克笔效果不如蜡笔;狮头整体造型与原版差距较大,等等。

图 4-90
讨论原型测试清单

[第四章] 服务设计的常用工具

图 4-91
酒店亲子服务讨论原型测试

这些问题几乎都是在测试过程中服务提供者和接受者在服务传递的共创过程中显现出来的，在纸面的服务系统图、顾客旅程图和服务蓝图中几乎很难发现。这也正是服务设计中特别看重场景构建和原型测试的主要原因。

讨论原型阶段关于服务的细节已经足够多，能有针对性地检查那些影响服务可用性的要素。本案例体现出服务在易学性、易记性、交互效率、标准化、满意度等方面存在的一些问题，因此针对上述讨论原型的测试结果，设计团队主要对材料包、工具包、说明书进行了优化设计（图 4-92、图 4-93）。

2. 酒店亲子服务模拟原型测试

根据项目的内容及进展，我们针对前文测试中的场景三（狮头扎作亲子课程，下文简称课程一）和场景四（彩绘狮头亲子课程，下文简称课程二）开展了模拟原型测试。

（1）课程教师的招募、培训和访谈

根据模拟原型测试的真实性原则，设计团队招募了一位毕业于广州美术学院的艺术类研究生，曾有过儿童艺术课程（绘画、手工）教学的经验，但没有上过家长和孩子同时参与的亲子课程。服务设计师

▎服务设计流程与方法

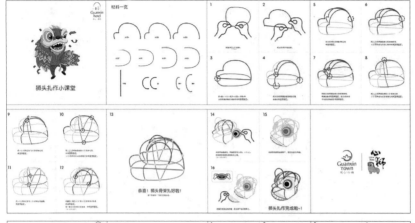

图 4-92
优化后的狮头扎作说明书

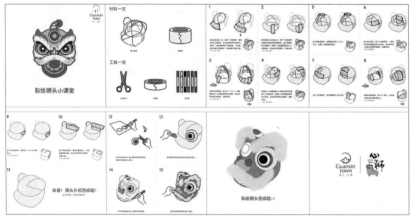

图 4-93
优化后的彩绘狮头说明书

首先对她进行了关于被测课程的培训,包括课程内容、流程、道具等。随后对培训效果进行访谈,主要内容如表 4-4 所示。

课程教师培训后访谈记录　　　　表4-4

问题	反馈
此前是否了解狮头扎作和彩绘狮头?了解程度?	没有详细了解过。但平时在电视节目中见过,过节的时候家乡有醒狮队表演,也曾见过正在制作的狮头
听培训师讲解时是否感到有难度?	听起来不难
培训后对于整个流程要执行的工作内容是否能全部记住?	大部分可以记住,但狮头扎作的中间步骤较多,记不住,需要借助说明书
实际操作时是否有困难?哪些步骤容易出错或失败?	稍有难度,比如狮头扎作中的同时固定三根铁丝以及给狮头粘贴皮肤
是否能胜任这份工作?自己的哪些能力对从事这份工作有帮助?	可以。有相关经验,能调动气氛,有耐心,动手能力较强

根据培训效果及访谈内容，设计团队获得的启示有：有相关亲子课程经验、美术或设计专业背景的课程教师招募非常重要，有助于对课程内容的准确理解、把握和传达；手工制作说明书越详细越好；从课程教师的角度来判断，课程难度稍高；采用一些小道具可以活跃课堂气氛。

（2）邀请真实用户在真实场地进行测试

根据课程设计，我们邀请了四组真实的家庭用户来体验亲子课程。关于场地，规划中的课程地点是酒店八楼平台的半户外空间（有阳伞），但测试当日，由于气温太低（7℃），课程被迫临时转移至酒店的一个会议室进行。这里给设计团队的启示是：天气因素（尤其在夏季高温多雨、冬季湿冷的广东）是服务传递过程中一个不可预期、不可控的因素，会对服务执行产生巨大的影响，现有的课程设计在半户外空间进行是极其不合理的。

（3）测试过程中做相应观察记录

测试过程中，除录像、拍照（图4-94）以外，还安排专人（服务设计师）对整个过程中观察并做详细记录，内容包括观察者看到（See）、听到（Hear）的教师、服务人员、孩子和家长的言行，并且在此基础上从服务设计角度提出的解决思路（Think），如图4-95所示。

图4-94 亲子课程模拟原型测试

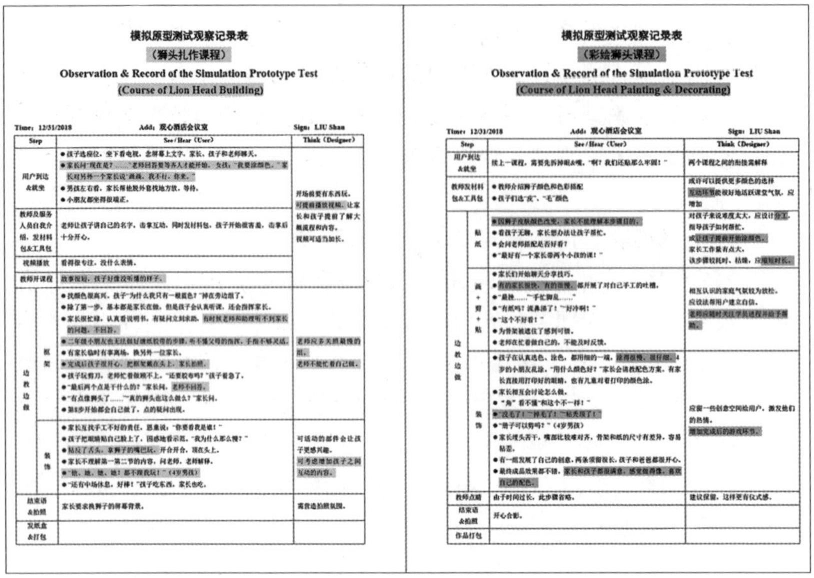

模拟原型测试观察记录表
（狮头扎作课程）
Observation & Record of the Simulation Prototype Test
(Course of Lion Head Building)

Time: 12/31/2018　　Add: 观心酒店会议室　　Sign: LIU Shan

Step		See / Hear (User)	Think (Designer)
用户到达&就坐		●孩子选座位，坐下看电视，念屏幕上文字，家长、孩子和老师聊天。 ●家长问"现在是？……"老师回答要等齐人才能开始。女孩："我要涂颜色。"家长对另外一个家长说"画画，我不行，你来。" ●男孩左右看，家长帮他脱外套找地方放，等待。 ●小朋友都坐得很端正。	开场前要有东西玩。可提前播放视频，让家长和孩子提前了解大概流程和内容。视频可适当加长。
教师及服务人员自我介绍，发材料包&工具包		老师让孩子讲自己的名字，击掌互动，同时发材料包，孩子开始很害羞，击掌后十分开心。	
视频播放		看得很专注，没什么表情。	
教师开课程		故事很短，孩子好像没听懂的样子。	
边教边做	框架	●找颜色很高兴，孩子"为什么我只有一根蓝色？"掉在旁边扭了。 ●除了第一步，基本都是家长在做，但是孩子会认真听课，还会指挥家长。 ●家长很忙碌，认真看说明书，有疑问立刻求助，有时候老师和助理听不到家长的问题，不回答。 ●二年级小朋友也无法做好缠纸胶带的步骤，听不懂父母的指挥，手指不够灵活。 ●有家长临时有事离场，换另外一位家长。 ●完成后孩子很开心，把框架戴在头上，家长拍照。 ●孩子玩剪刀，老师忙着做跟不上，"还要胶布吗？"孩子着急了。 ●"最后两个点是干什么的？"家长问，老师不回答。 ●"有点像狮头了……""真的狮头也这么做么？"家长问。 ●第8步开始都会自己做了，点的疑问出现。	老师应多关照最慢的组。 老师不能忙着自己做。
	装饰	●家长互找手工不好的责任，恩童说："你要看我是谁！" ●孩子把眼睛贴自己脸上了，困惑地看示范，"我为什么那么慢？" ●贴完了舌头，拿狮子的嘴巴玩，开合开合，顶在头上。 ●家长不理解第一第二节的内容，问老师，老师解释。 ●"他、她、她、她！都不跟我玩！"（4岁男孩） ●"还有中场休息，好棒！"孩子吃东西，家长也吃。	可活动的部件会让孩子更感兴趣。 可考虑增加孩子之间互动的内容。
结束语&拍照		家长要求换狮子的屏幕背景。	需营造拍照氛围。
发纸盒&打包			

模拟原型测试观察记录表
（彩绘狮头课程）
Observation & Record of the Simulation Prototype Test
(Course of Lion Head Painting & Decorating)

Time: 12/31/2018　　Add: 观心酒店会议室　　Sign: LIU Shan

Step		See / Hear (User)	Think (Designer)
用户到达&就坐		续上一课程，需要先拆掉眼&嘴，"啊？我们还贴那么牢固！"	两个课程之间的衔接需解释
教师发材料包&工具包		●教师介绍狮子颜色和色彩搭配 ●孩子们选"皮"、"毛"颜色	或许可以提供更多颜色的选择 互动环节能很好地活跃课堂气氛，应增加
边教边做	贴纸	●因狮子皮肤颜色改变，家长不能理解本步骤目的。 ●看孩子无聊，家长想办法让孩子帮忙。 ●会问老师搭配是否好看？ ●"最好有一个家长带两个小孩的课！"	对孩子来说难度太大，应设计分工，指导孩子如何帮忙。 或让孩子提前开始涂颜色。 家长工作量有点大。 该步骤较耗时、枯燥，应缩短时长。
	画+剪+贴	●家长们开始聊天分享技巧。 ●有的家长很快，有的很慢，都开展了对自己手工的吐槽。 ●"最挫……""手忙脚乱……" ●"有纸吗？流鼻涕了！""好冷啊！" ●"这个不好看！" ●为骨架被遮住了感到可惜。 ●老师在忙着做自己的，不能及时反馈。	相互认识的家庭气氛较为放松。 应设法帮用户建立自信。 老师应随时关注学员进程并给予帮助。
	装饰	●孩子在认真选色、涂色，都用细的一端，涂得很慢、很仔细。4岁的小朋友乱涂。"用什么颜色好？"家长会请教配色方案，有家长直接用打印好的眼睛，也有儿童对着打印的颜色涂。 ●家长相互会讨论怎么做。 ●"角"看不懂"和这个不一样！" ●"没毛了！""掉毛了！""粘秃顶了！" ●"册子可以剪吗？"（4岁男孩） ●家长埋头苦干，嘴部比较难对齐，骨架和纸的尺寸有差异，容易粘歪。 ●有一组发展了自己的创意，两条须留很长，孩子和爸爸都很开心。 ●最终成品效果都不错，家长和孩子都很满意，感觉做得像，喜欢自己的配色。	应留一些创意空间给用户，激发他们的热情。 增加完成后的游戏环节。
教师点睛		由于时间过长，此步骤省略。	建议保留，这样更有仪式感。
结束语&拍照		开心合影。	
作品打包			

图 4–95　课程观察与记录

从课程的整体效果来看，是顺畅的、活跃的、欢乐的；从最终的手工作品（图 4–96）来看，是超乎预料的。一方面，几乎所有的家庭都能相当出色地完成自己的作品，包括年龄最小的孩子，当然这其中离不开家长的协助；另一方面，个别作品超出课程老师以及项目组的想象，用户不完全按照说明书和老师的指导来制作，而是加入了自己随机的想法，反而让作品显得更加惊艳和出色，这也正是服务共创以及服务的不确定性带来的价值。

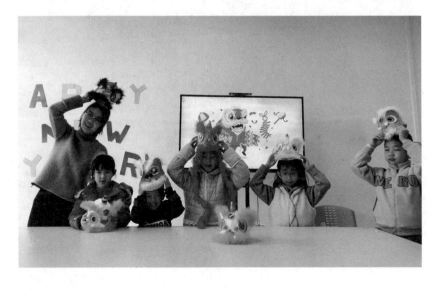

图 4–96
最终的手工作品

[第四章] 服务设计的常用工具

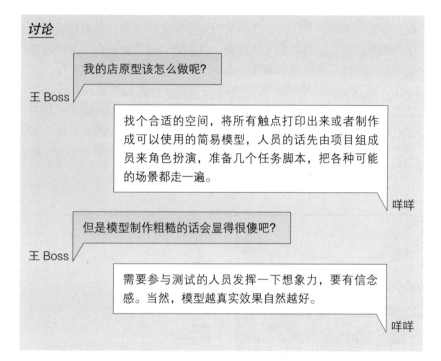

二、服务手册

服务手册是用于指引服务项目实施的文件，是服务设计的最终交付物之一。手册的内容包括对服务核心功能的描述、服务角色及其职责范围的界定、服务行为指引、服务的标准、触点规范等等。服务手册常用于团队沟通、服务培训及原型测试。

本章选取了两个真实案例中服务手册的部分内容进行展示。

案例一：新驿旅游服务手册（节选）

本案例是 BIGmind 公司为北海国际客运港制作的服务手册。手册的第一部分是服务概述，描述了服务的价值主张，提出为所有游客提供品牌化服务，为贵宾与家庭两个特定客群提供差异化服务，并分别对品牌化服务、贵宾服务、家庭服务进行定义（仅截取了部分品牌化服务的页面为例，页码非连续）。手册第二部分定义所有的服务角色，对每个角色的形象特征、核心工作场景与内容、随身触点进行说明，并设计了能为旅客创造品牌记忆点的特色话术。手册的第三部分是服务标准，分别罗列了三类服务的特点和服务场景。以品牌化服务为例，先列出游客对服务的期待、服务的目的，以及整个顾客旅程中

服务设计流程与方法

服务的执行要点,再图文并茂地对每个场景进行说明,包括场景中出现的服务角色,该角色的工作步骤、服务话术和重要触点。手册的第四部分为附件,内容包括触点列表、服装样式、空间布局和服务人员布局。触点列表将物理触点分为 ABC 三类,A 类是需要设计定制的产品,如导向标志、互动装置等;B 类是可以直接采购市场现有的产品,如假树、猴子玩偶等;C 类是一些艺术装置,用于渲染氛围,如旧船的螺旋桨、浮标、帆船等;并将所有触点的位置在平面图中标出,方便理解和实施(图 4-97~图 4-99)。

图 4-97
新驿旅游服务手册(1)
(图片来源:BIGmind)

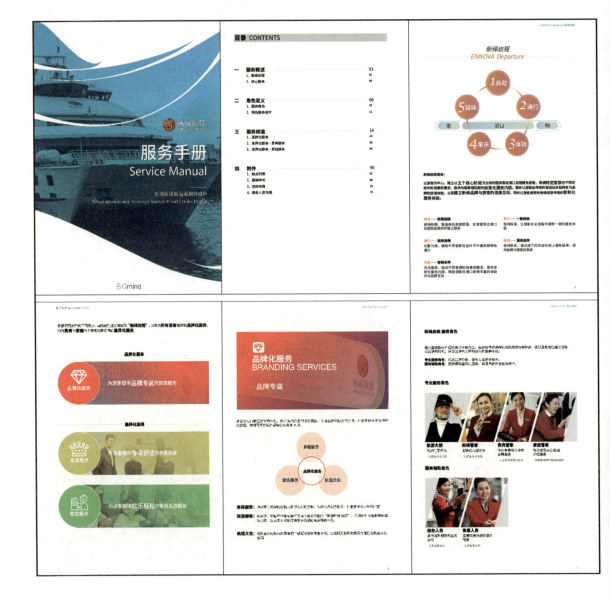

[第四章] 服务设计的常用工具

图 4-98
新驿旅游服务手册（2）
（图片来源：BIGmind）

案例二：BONJOY 亲子餐厅服务手册（节选）

BONJOY 亲子餐厅的服务手册内容与新驿旅游的有一些差异，服务手册内容需要根据项目进行调整。手册分为故事背景、服务角色、角色描述、品牌特色服务规范、核心场景服务大纲、核心场景及工作流程等 6 个部分。先为餐厅设定故事背景，并根据故事背景设置服务角色，负责不同的工作内容。角色描述定义了角色的职责，形象

- 137 -

服务设计流程与方法

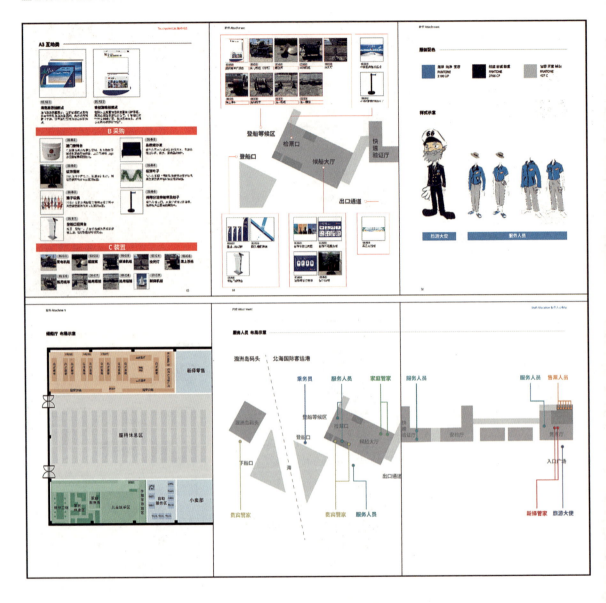

特色、核心工作、常用动作和核心场景的服务规范。品牌特色服务规范部分则列举出顾客旅程中一些产生品牌记忆点的角色行为，包括动作、表情和语句。核心场景服务大纲将整个旅程中的重要场景——列出，并注明该场景中出现的服务角色及其工作内容。核心场景及工作流程则是对前面服务大纲所列场景进行详细说明，如每个场景的服务目的，顾客期待以及服务角色的工作流程，甚至具体步骤和服务话术都做了图文示意（图4-100~图4-101）。

图4-99
新驿旅游服务手册（3）
（图片来源：BIGmind）

[第四章] 服务设计的常用工具

图 4-100
BONJOY 亲子餐厅服务手册（1）
（图片来源：BIGmind）

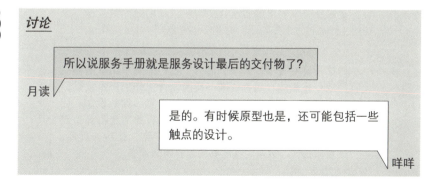

服务设计流程与方法

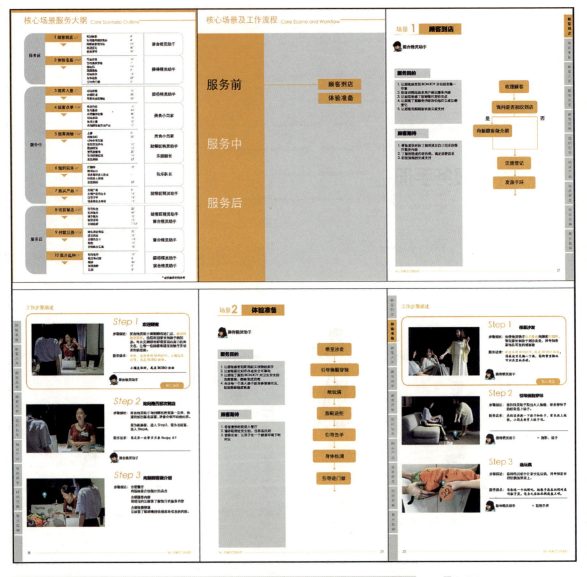

图 4-101
BONJOY 亲子餐厅服务手册（2）
（图片来源：BIGmind）

> 但我看到服务手册里好多设计的内容。我们做的触点像空间、产品什么的能行吗？感觉不够专业啊……
>
> ——月读

> 这还是要看项目团队的能力，我们是要求团队能够完成一定量的、或者说某一类的设计工作的，也就是你得具备一些专业能力，能够真的去实践你的设想。我们不能只喊口号，对吧？但如果你真的完全不具备设计背景，就需要设法表达出核心要素，让甲方理解，可以操作，以及后续能够和专业团队沟通。
>
> ——咩咩

[第五章]

作业案例

课程作业布置可根据课时的长短分为两个部分,三周的课程一般只安排作业一,四周以上增加作业二,课时越长需要完成的内容越多也越深入。作业一要求完成对现有某类服务的调研,分析并构建用户角色、服务系统图、旅程图和利益相关者地图等,通过练习帮助学生充分理解和正确使用各个工具。作业二要求对顾客旅程中的痛点进行梳理,洞察其背后的本质问题,提出解决思路,形成新的服务创意概念。概念应该包含流程、触点或者有形展示,并通过意向图的方式表达设计想法,如果时间充分则要求完成主要触点的设计。

本章案例选用的是毕业设计作品(毕业设计报告节选),尽管其工作量、深度和完成度不是一个课程可以达到的,但作为案例展示服务设计的流程和工具运用以及最终的结果呈现来说,质量较高,更有参考价值。此外,即使是毕业作品,即使是经过两三门服务设计课程的系统训练,在各种工具的运用上仍然存在一些问题。入门容易、专精困难,学习服务设计应该做好这样的心理准备。换个角度来看,有时工具的问题并不一定会影响设计的推进,工具依然只是表达的辅助。

案例均为保留主体框架,删减每部分内容的毕业设计报告,目的是完整地呈现研究过程。

案例一:"江湖见"西樵武术文化服务体验系统设计

设计 / 陀金沛　指导 / 丁熊、刘珊

通过对西樵全域旅游的分析和武术文化的挖掘,在旅游路线规划和游览服务中采用游戏化策略,通过线上游戏连接当地武术资源,丰富用户体验和提高粘性,核心触点包括App、驿站等(图5-1~图5-5)。

案例二:"记忆伙伴"博物馆失智症主题观展服务设计

设计 / 王玫琳　指导 / 丁熊、刘珊

这是一种面向小学生的观展服务,通过在博物馆现有民俗展览中植入失智症主题任务来促进儿童与家中祖辈的交流,同时达到科普、筛查和回忆治疗的目的。设计内容包括服务流程、植入触点、互动物料包和小程序等(图5-6~图5-11)。

[第五章] 作业案例

图 5-1
"江湖见"西樵武术文化体验服务系统设计（1）

服务设计流程与方法

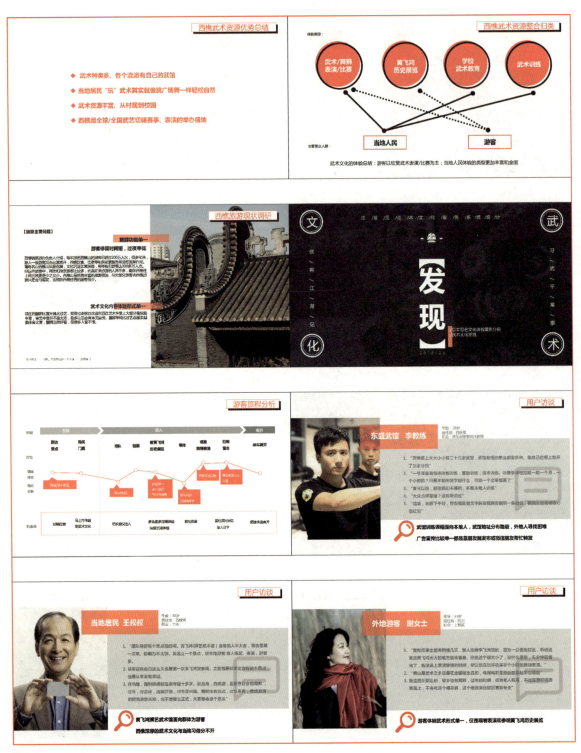

图 5-2
"江湖见"西樵武术文化体验服务系统设计（2）

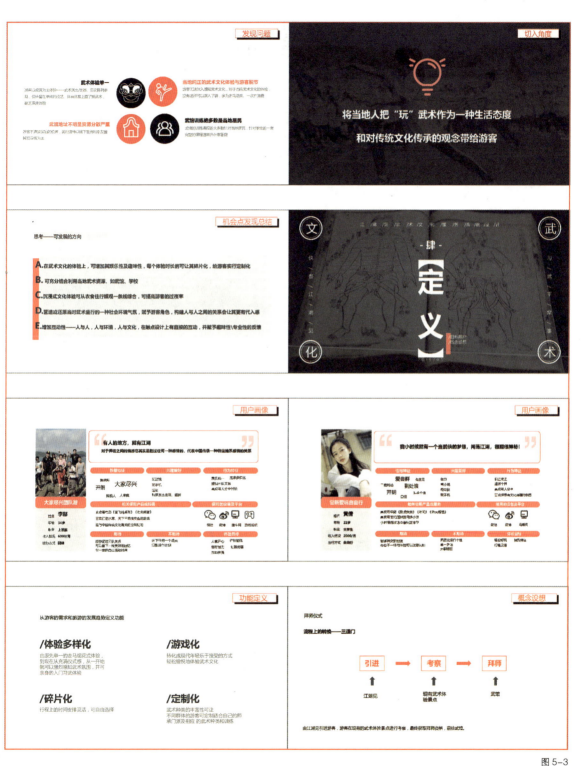

图5-3
"江湖见"西樵武术文化体验服务系统设计（3）

服务设计流程与方法

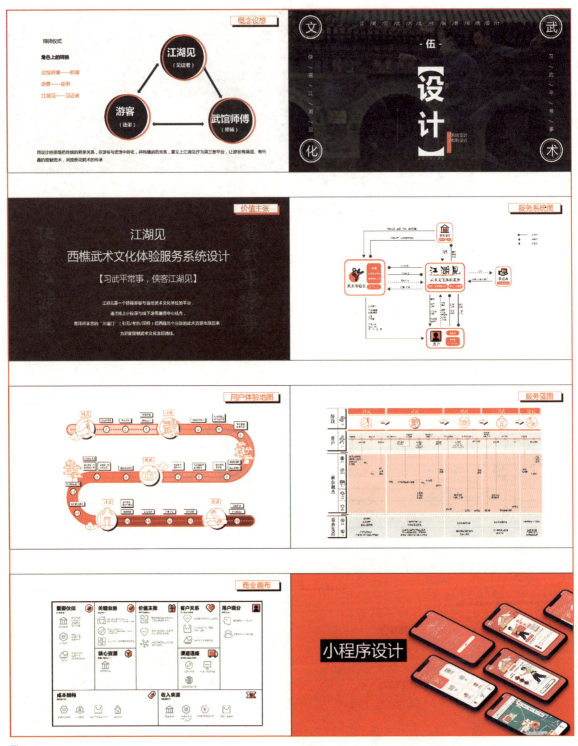

图 5-4
"江湖见"西樵武术文化体验服务系统设计（4）

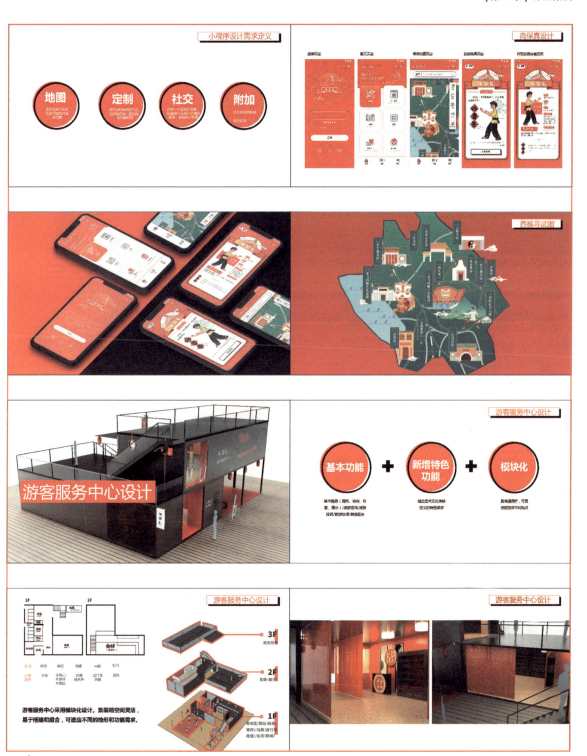

图 5-5
"江湖见"西樵武术文化体验服务系统设计（5）

服务设计流程与方法

图 5-6
"记忆伙伴"博物馆失智症主题观展服务设计（1）

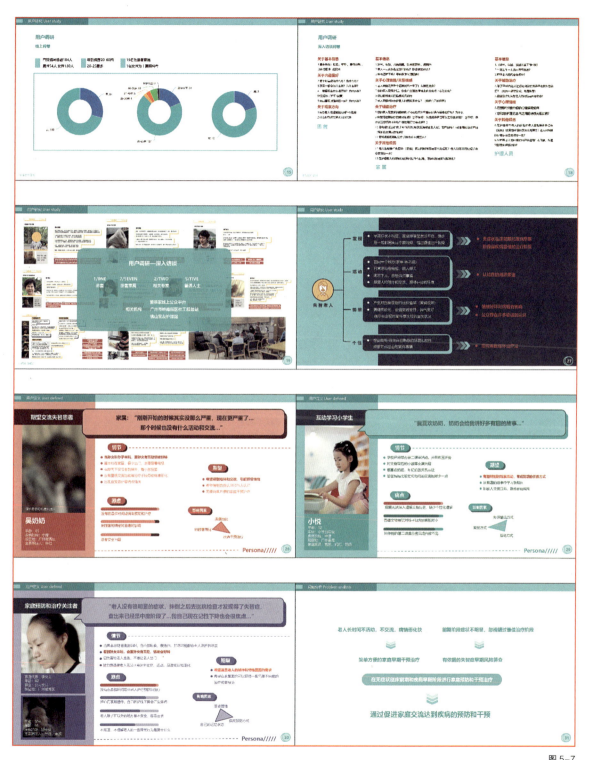

图 5-7
"记忆伙伴"博物馆失智症主题观展服务设计（2）

服务设计流程与方法

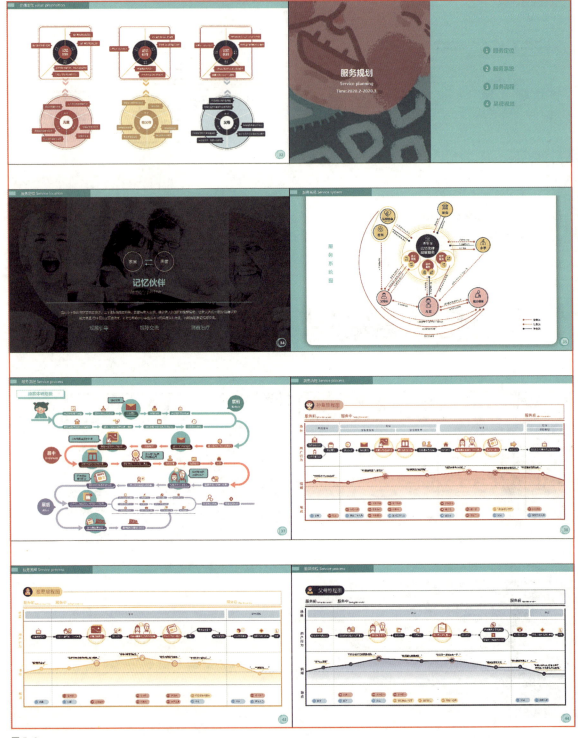

图 5-8
"记忆伙伴"博物馆失智症主题观展服务设计(3)

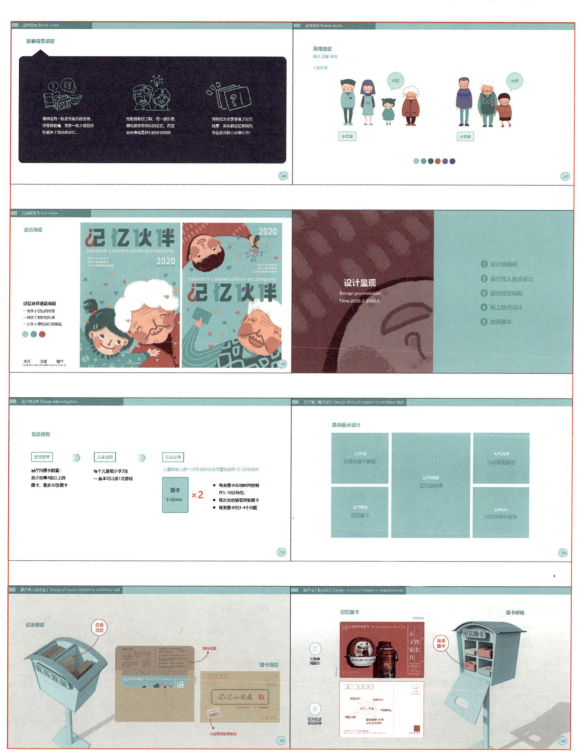

图 5-9
"记忆伙伴"博物馆失智症主题观展服务设计（4）

服务设计流程与方法

图 5-10
"记忆伙伴"博物馆失智症主题观展服务设计（5）

[第五章] 作业案例

图 5-11
"记忆伙伴"博物馆失智症主题观展服务设计（6）

参考文献

专著

[1] 王国胜. 服务设计与创新 [M]. 北京：中国建筑工业出版社, 2015.

[2] 陈嘉嘉. 服务设计：界定·语言·工具 [M]. 南京：江苏凤凰美术出版社, 2016.

[3] 陈嘉嘉, 王倩, 江加贝. 服务设计基础 [M]. 南京：江苏凤凰美术出版社, 2018.

[4] 罗仕鉴, 朱上上. 服务设计 [M]. 北京：机械工业出版社, 2011.

[5] 黄蔚. 服务设计驱动的革命：引发用户追随的秘密 [M]. 北京：机械工业出版社, 2019.

[6] 黄蔚. 好服务, 这样设计：23 个服务设计案例 [M]. 北京：机械工业出版社, 2021.

[7] （美）B. 约瑟夫·派恩二世（B.Joseph Pine II）, 詹姆斯 H. 吉尔摩（James H.Gilmore）. 体验经济（修订版）[M]. 毕崇毅, 译. 北京：机械工业出版, 2012.

[8] （美）克里斯托弗·洛夫洛克（Christopher Lovelock）, 约亨·沃茨（Jochen Wirtz）. 服务营销 [M]. 韦福祥, 等, 译（7 版）. 北京：机械工业出版社, 2013.

[9] （德）雅各布·施耐德（Jakob Schneider）, （奥）马克·斯迪克多恩（Marc Stickdorn）. 服务设计思维 [M]. 郑军荣, 译. 南昌：江西美术出版社, 2015.

[10] （英）宝莱恩（Andy Polaine）, 乐维亚（Lavrans Lovlie）, 里森（Ben Reason）. 服务设计与创新实践 [M]. 王国胜, 等, 译. 北京：清华大学出版社, 2015.

[11] （瑞士）亚历山大·奥斯特瓦德（Alexander Osterwalder）, （比）伊夫·皮尼厄（Yves Pigneur）. 商业模式新生代 [M]. 黄涛, 郁婧, 译. 北京：机械工业出版社, 2010.

[12] （美）桑普森（Sampson, S. E.）. 服务设计要法：用 PCN 分析方法开发高价值服务业务 [M]. 徐晓飞, 王忠杰, 等, 译. 北京：清华大学出版社, 2013.

[13] （日）石原直. 好服务是设计出来的 [M]. 姜瑛, 译. 北京：东方出版社, 2016.

[14] （美）尼古拉斯·韦伯. 极致用户体验 [M]. 丁祎平, 译. 北京：中信出版集团, 2018.

[15] （美）奇普·希思, 丹·希思. 行为设计学 [M]. 靳婷婷, 译. 北京：中信出版集团, 2018.

期刊或会议论文

[1] 丁熊, 刘珊. 艺术类院校服务设计本科教学体系的构建与实践 [J]. 工业工程设计, 2020, 2（01）: 119-126.

[2] 丁熊, 刘珊. 基于类型学和心理学场论的服务设计再定义 [J]. 装饰, 2020（11）: 124-125.

[3] 丁熊, 杜俊霖. 服务设计的基本原则: 从以用户为中心到以利益相关者为中心 [J]. 装饰, 2020（03）: 62-65.

[4] 丁熊, 梁子宁. 服务与体验经济时代下公共设计的新思路 [J]. 美术学报, 2016（4）: 90-95.

[5] 丁熊, 朱哲. 心理学视角下的服务设计工具应用解析 [J]. 设计, 2020, 33（13）: 66-69.

[6] 丁熊, 周文杰, 刘珊. 服务设计中旅程可视化工具的辨析与研究 [J]. 装饰, 2021（03）: 80-83.

[7] 丁熊, 刘珊, 胡方圆. 服务设计中系统图与商业模式画布的异同性研究 [J]. 美术学报, 2021（03）: 123-128.

[8] 丁熊, 王玫琳, 刘珊. 基于 PCN 理论的健康医疗产品服务系统设计策略研究 [J]. 装饰, 2021（10）: 105-109.

[9] 丁熊, 宁菁. 可持续四维度理论在岭南非遗活态传承服务系统设计中的应用研究 [J]. 包装工程, 2020, 41（14）: 28-35, 48.

[10] 刘珊. 过程链网络分析法在餐饮服务设计中的应用 [J]. 包装工程, 2017, 38（24）: 188-192.

[11] 辛向阳. 从用户体验到体验设计 [J]. 包装工程, 2019, 40（08）: 60-67.

[12] 辛向阳, 曹建中. 定位服务设计 [J]. 包装工程, 2018, 39（18）: 43-49.

[13] 代福平, 辛向阳. 基于现象学方法的服务设计定义探究 [J]. 装饰, 2016（10）: 66-68.

[14] 曹建中, 辛向阳. 服务设计五要素——基于戏剧"五位一体"理论的研究 [J]. 创意与设计, 2018（02）: 59-64.

[15] 罗仕鉴, 邹文茵. 服务设计研究现状与进展 [J]. 包装工程, 2018, 39（24）: 55-65.

[16] 宋小青. 服务设计中的人际触点研究 [J]. 大众文艺, 2016（17）: 69-70.

报纸、网络文献或网站

[1] 国际设计组织（WDO）官网 http://wdo.org/about/definition.

[2] 国际服务设计联盟官网 www.service-design-network.org.

[3] 塔西（2009），服务设计工具。取自 http://www.servicedesigntools.org.

后 记

要如何编写这本书一直困扰着我，有很多概念、工具都是搜索可得的知识，于是想着那就写得有趣些吧。以对话为主来写是年初产生的疯狂念头，在多方劝阻下终没"得逞"，感觉达成有趣的难度增加了。安插了角色，尽了些努力，奈何笔力实在有限，未能实现预想的效果。

感谢同事丁熊副教授，本书的共同作者，如果没有他的帮助、鼓励、鞭策和支持，本书必定无法完成。感谢家人的理解和支持，让我得以按时完稿。

感谢BIGmind的张焱先生提供了极为重要的服务手册案例。

感谢广美服务设计研究室的几位研究生为本书提供了参考资料和案例，他们是：胡方圆、周文杰（服务设计工具辨析），王玫琳（案例"记忆伙伴"），李畅、刘孟庭（插图），本科生陀金沛（案例"江湖见"）。

感谢广美工业设计学院公共与服务设计工作室、产品与系统创新教研中心多位本科生参与课程，共同讨论，为本书提供了丰富的课程作业案例。

最后，由于时间紧张，如有不足和谬误之处，恳请各位同行雅正。